あらゆる時事問題を完全攻略！

公務員試験 速攻の時事

実戦トレーニング編

資格試験研究会 編
実務教育出版

令和5年度 試験完全対応

はじめに

　本書は，『公務員試験 速攻の時事』のいわばパート2である。『速攻の時事』で頻出ポイントを学習しながら，この『実戦トレーニング編』で問題演習を積み重ね，時事対策を万全なものにしてもらおうというのが，著者の願いである。

　時事問題とはいっても，試験である以上，傾向や頻出パターンは存在する。そこで，本書では，まず時事問題の傾向や出題のされ方を徹底的に分析した。そして，それを踏まえて，実戦力を強化するための豊富な問題演習を用意した。

　用語になじみがなければ，時事の知識を頭に定着させるのは難しい。そこで，『速攻の時事』の内容がスッと頭に入るように，「暗記お助け」のページを設けた。また，今年は市役所試験や社会人試験向けにIT系・環境系の用語を追加した。

　『速攻の時事』ともども，本書を大いに活用してもらえれば幸いである。

執筆責任者
高瀬淳一

本書の特長と使い方

この本は『公務員試験 速攻の時事』に書かれている知識の「定着と確認」を図るためのトレーニングブックである。『速攻の時事』が時事対策のための「要点整理編」であるとすれば，こちらは時事対策のいわば「暗記お助け＋実戦力養成編」になる。

本書は，『速攻の時事』と同じ章立てになっている。『速攻の時事』の学習に併せて利用してもらうためである。内容も『速攻の時事』を持っていることを前提に書かれている。2冊を並行して利用し，時事に関する知識の定着を図ってほしい。

本書は，各章それぞれに，「過去問研究」「暗記お助け」「問題演習」が，順番に並んでいる。その特長と利用法を順に説明していこう。

●実戦力をつけるには，やっぱりまずは「過去問研究」！

時事問題というのは，そのときどきの情勢や政策など「新しい事実」を取り上げた問題のことだ。しかし，だからといって傾向がないわけではない。過去問を研究してみると，テーマの選定や選択肢のつくられ方など，似ている問題があることに気づく。**取り上げる事実は新しくても，出題パターンにはやはり傾向があるのだ。**

そこで，各種公務員試験から時事関連の問題をピックアップしてデータベースをつくり，それに基づいて出題傾向を調べてみた。そして，その結果を各章冒頭の「過去問研究」のページに示した。

まずこのページで，どういうテーマを重点的に勉強すればよいのかを確認しよう。時事なのだから，過去の頻出テーマだけをやればよいというものではないが，時間効率を考えることも必要だ。やはり**出題されてきたテーマから押さえていくのが**「受験の鉄則」というものだろう。

●「暗記お助け」で必修用語を一気にチェック！

よく出るテーマについて，時事の頻出用語や関連する知識をまとめて整理したのが「暗記お助け」のページである。文字どおり，君たち受験者の暗記のお手伝いをしよう，というのがねらいだ。

経済分野などは特にそうだが，用語になじみがないと，ここがポイントだといわれても，なかなか頭に入ってこない。そこで，この「暗記お助け」では，**必要に応じて基礎用語や頻出用語の復習をしながら，最新の時事用語のチェックができるようになっている。**

「暗記お助け」のページは，いわば『速攻の時事』をきちんと理解するための「まとめノート」，あるいは「単語帳」である。ノートを取る時間も惜しい受験者にはきっと役立つはずだ。

　とはいえ，この「暗記お助け」を読んだだけで試験に立ち向かってはならない。時事を理解するには，用語や数値の暗記だけでは不十分だ。あくまでも『速攻の時事』を読み抜くための「お助け」であることを忘れないでほしい。

　なお，この「暗記お助け」では，いくつかの話題のテーマについて，考え方も紹介している。**時事の話題は論文・作文試験や面接試験でも，政策論を語るうえでも重要な要素となる。**そのためには，時事問題について自分の意見を持つことも重要だ。本書では，コラムなどを利用して，そのための手がかりを随所にちりばめてある。ぜひ参考にしてもらいたい。

●「問題演習」で実戦力アップ！

　各章には4～7問の問題演習がついている。各章の重要テーマについて，基礎から応用までバラエティに富んだ問題を用意している。

　過去問を見ていると，長い選択肢であっても，正誤の判断ポイントが意外に単純なものをよく見かける。増減が反対であったり，条約や法律の名前が別のものであったりするのである。**本書の問題演習では，そういった基本パターンの問題も用意されている。**問題を解きながら，「どこに注意しながら選択肢を見ればよいか」という"見方"を習得してほしい。

　もちろん，本書は基本問題だけでなく応用問題も載せている。実際の試験では，瑣末な知識を問う選択肢や，「ひっかけ」や「ひねり」が加えられた選択肢を見ることもあるだろう。頻出テーマなら，なおのこと注意が必要になる。過去問と似すぎないように，各選択肢がマイナーな内容を取り上げる可能性が高くなるからだ。

　実戦的であることを目指す以上，知らない内容を含む問題への対処もトレーニングしてもらわなければならない。本書で難易度の高い問題に取り組むことで，なんとか対処できるよう，難問打開のカンを養ってもらいたい。

　以上が本書の構成のあらましである。もちろん，本書はどこから手をつけていってもかまわない。自分の得意分野から，次々と知識の確認と問題演習を進めていこう。時事はこれで完全征服だ！！

令和5年度試験完全対応 公務員試験 速攻の時事 実戦トレーニング編 目次

第1章 日本政治

第2章 国際政治

第3章 日本経済

第4章　経済政策

第5章　財政

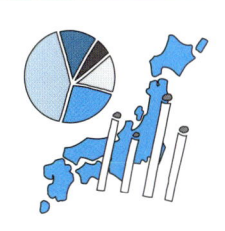

第6章　世界経済

第1章 日本政治

● 過去問研究

「選挙」は民主主義の基本

　選挙は民主主義の基本。そのため公務員試験では選挙に関する出題が多い。これまでの傾向を見ると，**大きな制度改正（＝公職選挙法の改正）が行われたあとの出題はほぼ確実**だ。2016年には衆議院選挙についてアダムズ方式の導入が決まり，2018年には参議院の選挙制度で定数増や特定枠創設の改正があった。するとさっそく，平成28年度の国家一般職［大卒］は政治学で定数是正や18歳選挙権を含む問題を，29年度の国家総合職は政治学でアダムズ方式を出した。参院選の特定枠については令和元年度の特別区［Ⅰ類］が取り上げた。

　当然のことながら，国政選挙の前後には選挙の出題確率は高まる。政治の生々しい話は出にくいが，期日前投票の利用者数や投票率の動向を問う出題ならありうる。ちなみに，令和元年度の国家一般職［大卒］は選択肢で20歳台の衆議院議員の当選者数に言及し，2年度の東京消防庁消防官［Ⅰ類］は参院選の議席数を選択肢に入れた。どちらも例外的だが，出題範囲の広がりを示唆している。2021年には憲法改正の手続きを定める改正国民投票法が成立したが，4年度の国家専門職［大卒］はさっそく選択肢にその内容を入れてきた。法改正にはやはり注意が必要だ。

「地方行政」は常に注意

　地方自治は公務員試験の重要テーマ。時事でも**地方行政についての出題は常にありうる**。択一式はもちろん，論述や面接も念頭に置いて，完璧な準備をしておこう。

　令和4年度は東京都［Ⅰ類B］が，地方創生の基本方針について出題。地方創生テレワークへの支援が正答だった。

　岸田内閣は「地方創生」を「デジタル田園都市国家構想」に変更。今後はこれが地方行政の話題の軸になる。具体策も含め，しっかり勉強しておこう。

> **岸田内閣で用語一新**
>
> 　2021年に発足したデジタル庁については令和4年度の東京都［Ⅰ類B］や特別区［Ⅰ類］が出題。今後もデジタル庁が打ち出す政策は要注意だ。
>
> 　行政機構では今後「こども家庭庁」が出題必至。p.86は熟読しておきたい。
>
> 　岸田内閣は政策指針を示す用語として「新しい資本主義」「成長と分配の好循環」「デジタル田園都市国家」などを次々と発表。さっそく東京都［Ⅰ類A］で出題があったが，本格的な出題はこれからだ。

国政選挙と政治の動き

 **ここに注目** 生々しい政局の話は公務員試験向きではないが，近年の大きな流れは最低限の知識。国政選挙については両院の最近の選挙結果を確認しておこう！

● 政局動向

□**安倍内閣**····2012年12月，自公連立政権が復活。首相には自民党総裁の**安倍晋三**氏が就任した。アベノミクスと呼ばれる大胆な経済政策を推し進めた安倍内閣は，野党の混乱にも助けられ，高支持率を維持。2020年9月に菅内閣が発足するまで安倍内閣は約7年8か月続き，第1次安倍内閣（2006～2007年）を合わせると，**憲政史上の最長内閣**となった。

□**菅内閣**····2020年9月，体調不良のため退陣した安倍氏の後任の自民党総裁に**菅義偉**氏が就任し，菅内閣が誕生した。「国民のために働く内閣」を掲げ，コロナ対策のほか，規制改革や「**デジタル庁」の創設**などに取り組んだ。だが，支持率の低迷で2021年9月に退陣を表明した。

□**岸田内閣**····2021年10月，自民党総裁選で勝利した**岸田文雄**氏が国会で首相に指名され，岸田内閣が誕生。経済政策では，新自由主義経済からの決別を掲げ，「**成長と分配の好循環」に支えられた「新しい資本主義」の実現を図る**とした。

□**野党再編**····2020年9月，立憲民主党，国民民主党の一部，野党系の無所属議員が結束。国会議員150人を擁する新しい立憲民主党が誕生した。

● 選挙動向

□**2021年の衆院選**····2021年10月の総選挙では**与党が勝利**。自民党は議席減ながらも単独過半数を維持した。野党では立憲民主党と共産党が議席減。一方，日本維新の会は大きく躍進した。**投票率は戦後3番目に低い55.93%**（前回比2.25%増）。**期日前投票の利用者は全有権者の約2割**にのぼった。

□**2022年の参院選**····2022年7月の参院選では，**与党が改選議席の過半数を獲得して勝利**。野党では立憲民主党，共産党，国民民主党が議席を減らし，日本維新の会とれいわ新選組が議席を増やし，参政党は初議席を得た。**投票率は52.05%**で，前回選挙と比べ3.25%高くなった。

2021年と2022年の2つの国政選挙の結果，改憲に前向きな政党（自民・公明・維新・国民など）の議席数は，衆議院でも参議院でも憲法改正の発議に必要な3分の2を超えた。

CHAPTER **1** 日本政治

暗記お助け

必修・選挙制度改革

ここに注目 国内政治の頻出テーマといえば，何はさておき「選挙制度」。選挙についての時事用語は，ここで一気に覚えてしまおう！

● 選挙制度

☐ **18歳選挙権**‥‥2015年の改正公職選挙法で，**日本の選挙権年齢は「20歳以上」から「18歳以上」に引き下げ**。国政選挙では2016年の参院選から適用された（衆院選での初適用は2017年）。

☐ **期日前投票**‥‥投票日に所用がある人のための投票制度。公示日・告示日の翌日から投票日前日までの間に指定の場所に出向いて投票する。所用の内容による制約がないことから，この制度を利用する有権者は増えている（2021年の衆院選では有権者の約19％，2022年の参院選でも約19％）。

☐ **共通投票所**‥‥指定された投票所とは別に，**同じ自治体の有権者ならば，だれでも利用できる投票所**。選挙区内の駅や商業施設など，利便性の高い場所に設置される。2016年の改正公職選挙法により導入された。

☐ **国民投票法**‥‥2021年の改正法では国政選挙と同様の投票機会を増やす制度を導入。野党が望んだCM規制の強化等は3年をめどに再検討する。

● 1票の格差

☐ **衆議院の1票の格差**‥‥最高裁は2018年，2017年の総選挙の1票の格差（最大1.98倍）について「**合憲**」と判決。事実上，2倍程度なら容認できるとの姿勢を示した。

☐ **参議院の1票の格差**‥‥最高裁は，2019年の参院選の1票の格差（最大3.002倍）について「**合憲**」と判決。なお，15人の裁判官のうち，3人は「違憲」，1人は「違憲状態」を主張した。

● 参議院の選挙制度改正

☐ **合区**‥‥従来の2つの選挙区を合わせて1選挙区とすること。2016年の参院選から「鳥取・島根」「徳島・高知」を1選挙区にした。

☐ **10増10減**‥‥2016年の参院選から導入。合区の実現による定数4減に加え，選挙区で定数を6減した。一方，5選挙区で定数

違憲状態

制度が改正されないと，いずれは違憲になる状態。最高裁は衆院選については2011年，2012年，2014年と連続して「違憲状態」であるとの判決を下し，参院選についても2010年と2014年に「違憲状態」と指摘して，選挙制度の是正を促した。

を2ずつ増加した。

□ **特定枠**‥‥2018年の改正公職選挙法は参議院の議員定数を**6増**（埼玉選挙区で2増，比例代表で4増）。比例代表には，政党が優先的に当選させることができる「**特定枠**」を導入した。なお，特定枠候補者は，通常の候補者に認めら

> **衆議院**（議員定数465名）
> ・小選挙区（289選挙区を設置）　289名
> ・比例代表（11のブロックごと）　176名
> 　→衆議院では「**拘束名簿式**」
>
> **参議院**（議員定数248名）
> ・選挙区（各1～6名）　148名
> ・比例代表（全国が1つの選挙区）　100名
> 　→参議院では「**非拘束名簿式**」

れるポスター掲示や個人演説会などの選挙運動が禁止されている。2019年の参院選から適用されている。

● 衆議院の選挙制度改正

□ **10増10減**‥‥2022年，2020年の国勢調査の結果に基づき，国会で定数と区割りの変更が決定。次回の総選挙から実施されることになった。

　都道府県の小選挙区数は10増10減。増える10議席は，東京に5，神奈川に2，埼玉・千葉・愛知に1ずつ配分される。一方，議席が1減となるのは，宮城，福島，新潟，滋賀，和歌山，岡山，広島，山口，愛媛，長崎の10県である。また，1票の格差を是正するための調整も行われるため，全体で25都道府県の140選挙区の区割りが改正される。その結果，1票の格差は1.999倍に縮小する。

　比例代表の定数についても**3増3減**を実施。東北，北陸信越，中国の3ブロックで1ずつ減らし，東京で2，南関東で1増やす。

□ **アダムズ方式**‥‥衆議院の議員定数は，2020年の国勢調査から10年ごとに都道府県への議席配分を再検討。その際の計算方式が「アダムズ方式」だ。**議員1人当たりの人口（全人口÷議員定数）を「基準値」とし，これで都道府県の人口を割り，小数点以下を切り上げて，配分されるべき議員数を出す。**議員数が定数を超える場合は「基準値」を上げながら再計算を繰り返し調整する。切り上げにより各都道府県には最低でも1議席が配分される。

　下の表は，3つの県を持つ人口100万人の国で，定数10の議会の場合の例。基準値＝10万人（＝100÷10）では11議席になってしまう。基準値を12万人に上げれば10議席になる。

	人口	基準値＝10万人	基準値＝12万人
A県	50万人	÷10＝5.0　∴5議席	÷12＝4.2　∴5議席
B県	36万人	÷10＝3.6　∴4議席	÷12＝3.0　∴3議席
C県	14万人	÷10＝1.4　∴2議席	÷12＝1.2　∴2議席
合計	100万人	11議席	10議席

しっかり学ぶ地方自治

ここに注目　「地方創生」は岸田内閣で，「デジタル田園都市国家構想」に変更。論述や面接も念頭に，近年の動きを見直しておこう！

● 地方創生

□**まち・ひと・しごと創生法**····**地方創生に関する基本法**。地方の人口減少に歯止めをかけ，地方の創生を図るため，国と自治体に5年間の「総合戦略」の策定を求める（自治体は努力義務）。

□**まち・ひと・しごと創生総合戦略**····5年ごとに策定される**地方創生政策に関する基本方針**。第2期戦略（2020～2024年度）は第1期戦略の4つの基本目標（地方での雇用創出，地方への人の流れ，若い世代の結婚・出産・子育てについての希望の実現，時代に合った地域づくり）を踏襲。若者を含む就業者を地方で100万人増やすことなどを明記した。第2期総合戦略はコロナ禍の2020年に一部を改訂。「**地方創生テレワーク**」の推進などを盛り込み，「**オンライン関係人口**」といった新概念も打ち出した。

□**関係人口**····**特定地域に継続的にかかわる人々**を表す新語。地方に移住した「定住人口」とも，地方に観光に来た「交流人口」とも異なり，いわば「交流以上，移住未満」の人たちである。具体的には，頻繁な訪問・ボランティアや寄附などで特定地域に親近感を持っている人が概当する。地方への移住がなかなか進まないなか，地域での「ひとの創生」に関する新しい考え方として提唱され，第2期「まち・ひと・しごと創生総合戦略」に盛り込まれた。

□**地域経済分析システム（RESAS）**····地域経済に関するビッグデータを整理分析して提供するシステム。ホームページからだれでも利用できる。

□**企業版ふるさと納税**····企業が自治体の行う地域創生事業に寄附した場合，税額控除が受けられる制度。2020年には「企業版ふるさと納税（人材派遣型）」が追加され，人件費相当額を寄附額に算定できるようになった。

コロナと人口移動

　地方創生の大きな課題の1つは東京圏への転入の抑制。3大都市圏では東京圏だけが2019年までほぼ一貫して転入超過を続けてきた（一方，大阪圏と名古屋圏は7年連続で転出超過）。

　東京圏への転入超過数の大半は10代後半から20代の若者。きっかけは進学や就職だ。

　ところが2020年以降はコロナの影響で人口移動が変化。東京23区でも2021年は転出超過になった。一極集中の是正につながるか注目だ。

● デジタル田園都市

□ **デジタル田園都市国家構想基本方針**····
2022年6月，閣議決定。デジタル技術を用
いて地方の社会課題を解決し，「**全国どこ
でも誰もが便利で快適に暮らせる社会**」の
実現を図る。重要業績評価指標（KPI）には，
1000自治体が2024年末までにデジタル実装
に取り組むことなどが明記された。

□ **デジタル田園都市スーパーハイウェイ**····
日本を周回する海底ケーブル。デジタル田
園都市国家構想基本方針に設置が盛り込ま
れた。デジタルインフラについては，光ファ
イバや5Gの普及を図り，十数か所の地方データセンターの整備も進める。

 小さな拠点

複数の集落がある中山間地域
で，商店や診療所などの生活サー
ビスを1か所に集め，住み慣れた
生活圏を維持する取組み。「拠点」
と他の集落とはコミュニティバス
などで結ばれる。

政府は2024年までに1800か
所に設置することを目指している
（2022年8月時点では1510か
所）。

一方，地方都市で主要生活機能
を集約する取組みは「コンパクト
シティ」と呼ばれる。

□ **デジタル人材地域還流戦略パッケージ**····**デジタル人材の地域への還流促進
策**。デジタル田園都市国家構想基本方針に盛り込まれた。そのほかデジタル
人材については，高齢者などにデジタル機器やサービスの利用方法を教える
「**デジタル推進委員**」制度も創設される。

□ **Digi田甲子園**····**デジタル田園都市構想の表彰制度**。デジタルを活用した地
域活性化を促す。特設サイトで参加自治体の動画を見ることができる。

□ **デジタル田園都市国家構想総合戦略**····2022年12月，閣議決定。「基本方針」
に示されたデジタル実装に向けた施策のほか，東京一極集中の是正などを盛
り込み，2023年度からの5年間で実施する。

● ひとづくり関連用語

□ **プロフェッショナル人材戦略拠点**····**大都市で働く人材と地方企業の橋渡し
をする拠点**。各道府県に設置。人材戦略を通じ，地方企業の「攻めの経営」
を促す。

□ **地域おこし協力隊**····**都市地域から過疎地域に生活拠点を移し，1～3年間，
「地域協力活動」を行う**。総務省は隊員数の増加目標を掲げ，強化を図って
いる。2021年度からは「地域おこし協力隊インターン」もスタートした。

□ **地域活性化起業人**····**企業の専門人材を地域に派遣する制度**。地域おこし企
業人制度を刷新し，2021年度に創設。三大都市圏の企業等の社員を，在籍の
まま地方に派遣し，地域活性化の課題解決に従事してもらう。

□ **地方大学振興法**····2018年に成立。**地方で暮らす若者の修学や就業を後押し
する**。「キラリと光る地方大学づくり」をスローガンに，積極的に取り組む
自治体には交付金が支給される。

日本の外交・安全保障

ここに注目 日本の外交指針と重要国際会議をまとめて学習。最新ニュースの理解に向け，安全保障政策の基礎知識もチェック！

● 日本の外交

□**自由で開かれたインド太平洋**‥‥2016年からの**日本の外交指針**。関係国と連携し，インド太平洋地域において，法の支配に基づく，自由で開かれた秩序の実現・強化を図る。アメリカ，オーストラリア，インド，ASEAN，欧州主要国などが共有を表明している。

□**新時代リアリズム外交**‥‥**岸田首相が2022年に提唱した外交理念**。未来に向けた理想を掲げながらも，したたかで現実的な外交を進めていくとした。普遍的価値の重視，地球規模課題の解決，国民の命と暮らしを断固として守り抜く，が3本柱。

□**平和のための岸田ビジョン**‥‥2022年6月のアジア安全保障会議で**岸田首相**が発表した平和構想。①自由で開かれたインド太平洋構想の新展開，②安全保障での連携強化，③核兵器のない世界に向けた現実的な取組み，④国連の機能強化，⑤経済安全保障での国際連携，が5本柱。

□**ヒロシマ・アクション・プラン**‥‥**岸田首相が2022年の核兵器不拡散条約（NPT）運用検討会議で提唱**。「核兵器のない世界」という理想と「厳しい安全保障環境」という現実を結びつけるためのロードマップの必要性を指摘した。その第一歩として，①核兵器不使用の共有，②透明性の向上，③核兵器数の減少，④核兵器の不拡散と原子力の平和的利用，⑤各国指導者等の被爆地訪問の促進，の5つの行動を促すべきだと述べた。

□**G7サミット**‥‥**主要7か国（日，米，英，独，仏，伊，加）とEUの首脳会議**。自由，民主，法の支配などの価値を共有する主要先進国の首脳が，国際政治や国際経済などでの政策協調を図る。2023年は広島で開催。

● 日本の開発支援

□**開発協力大綱**‥‥**日本の開発協力政策の基本方針を規定**。経済援助に加え，平和構築やガバナンス，基本的人権の推進，人道支援なども「開発」に含め，幅広い支援を行うとしている。

□**人間の安全保障**‥‥開発協力大綱が重視する考え方。戦争だけでなく，貧困や絶望からも免れ，個人が尊厳を持って生きられる社会の構築を目指す。

□**TICAD（ティカッド；アフリカ開発会議）**‥‥日本が主導して開かれている**アフリカ支援のための首脳会議**。2022年の第8回会議（TICAD 8）はチュニジアの首都チュニスで開催された。会議の成果は**チュニス宣言**として発表。ウクライナ情勢への懸念のほか，健全な開発金融や国連安保理の改革促進が盛り込まれた。日本はアフリカ諸国に対し，グリーン投資や人への投資を中心に3年間で官民合わせて総額300億ドル規模の資金投入を約束した。

日本の領土

□**尖閣諸島**‥‥**沖縄県の尖閣諸島が日本の領土であることは明白**で，ゆえに「領土問題など存在しない」というのが日本の立場。だが，中国は勝手にこの島々の領有権を主張し，日本の主権を無視して領海侵犯を繰り返している。

□**北方領土**‥‥**北海道の国後島，択捉島，歯舞群島，色丹島**の総称。第二次世界大戦の際，旧ソ連に占領されたまま返還されていない日本の領土。2022年の『外交青書』は「ロシアに不法占拠されている」ことを明記した。

□**竹島**‥‥**島根県の竹島**を韓国は「独島」と呼び，警備隊員を常駐させて長年にわたり実効支配。日本は「不法占拠」であるとして抗議し続けている。

□**有人国境離島法**‥‥2017年施行。国境近くにあって，人が住んでいる離島の支援を強化することが目的。8都道県の71の島に対し，アドバイザーを派遣するなどして，無人化しないよう地域社会の維持を図る。

日本の安全保障

□**国家安全保障戦略**‥‥**日本の安全保障政策の指針**を定める。2022年12月の新戦略は，日本が「戦後最も厳しく複雑な安全保障環境に直面している」との認識を示し，敵のミサイル基地等を攻撃できる「**反撃能力**」の保有を初めて盛り込んだ。

□**国家防衛戦略**‥‥防衛の目標と手段を示す。2022年12月の新戦略は，敵の射程圏外から離れて反撃するための**スタンド・オフ防衛能力**の保有を重視した。

□**防衛力整備計画**‥‥**防衛力の整備に必要な経費や装備の数量など**を記載。2022年12月の新計画は，2023年からの5年間でおよそ43兆円の防衛費が必要と算定した。

新領域の部隊配備

2022年，宇宙，サイバー，電磁波の各領域で新たな部隊編成が実施された。

宇宙領域には「宇宙作戦群」を編成。その下に第1宇宙作戦隊（2020年度，東京都）と第2宇宙作戦隊（2022年度，山口県）を置く。

サイバー領域では，陸海空3自衛隊のサイバー関連部隊を再編し，「自衛隊サイバー防衛隊」を発足。敵からのサイバー攻撃に対処する。

電磁波領域では，「電子作戦隊」の司令部を東京に配置。2023年度までに全国13か所に要員を配置して，レーダーや通信などへの攻撃対処に当たる。

 **日本政治の基礎問題**

No. 1 近年の日本の選挙と政党に関する次の記述のうち，妥当なのはどれか。
1 2021年の総選挙では野党共闘が奏功し，立憲民主党や共産党は議席を大きく伸ばした。
2 2021年の総選挙では全有権者の約2割が期日前投票を利用した。
3 2021年の改正国民投票法は国民投票の際のCMの利用を禁止した。
4 2022年の参院選の投票率は24年ぶりに50％を下回った。
5 2022年の参院選では与党（自民・公明）が勝利したが，憲法改正に前向きな「改憲支持派」の議席数は3分の2に届かなかった。

No. 2 近年の内閣に関する次の記述のうち，妥当なのはどれか。
1 安倍晋三首相の在任期間は，2006年からの約1年間と2012年から2020年までの合計で8年8か月ほどになり，憲政史上の最長を記録した。
2 安倍内閣は2015年に平和安全法制を強行採決し，2016年の参院選に敗北した。与党は議席の過半数を失い，参議院の第1党は民主党になった。
3 2020年に誕生した菅義偉首相は，成長重視で財政出動を続けたアベノミクスを批判し，財政再建を優先させて政治の信頼を取り戻すと主張した。
4 菅内閣は行政のデジタル化を推し進め，2021年には文部科学省の下部機関として「デジタル庁」を発足させた。
5 2021年に発足した岸田内閣は，グローバル競争に勝ち抜くために，自由競争と規制改革を重視する「新しい資本主義」を掲げた。

No. 3 2022年12月に閣議決定された「安全保障関連3文書」に関する次の記述のうち，妥当なのはどれか。
1 新たな「国家安全保障戦略」は，安全保障環境について，北朝鮮とロシアに対する警戒感を示したが，中国の軍事動向については言及を避けた。
2 新たな「国家安全保障戦略」は専守防衛の考え方を変更し，武力攻撃が発生していない段階での「先制攻撃も可能」と初めて明記した。
3 新たな「国家安全保障戦略」は，敵のミサイル攻撃を防ぐための自衛の措置として，相手の領域に有効な反撃を加える能力の保有を図るとした。
4 新たな「国家防衛戦略」は，整備の重点を従来のスタンド・オフ防衛能力から統合防空ミサイル防衛能力に切り替えると表明した。
5 新たな「防衛力整備計画」は，計画実施に必要となる防衛費の総額について，前回計画よりも少なくなると算定した。

正答と解説

No. 1　　　　　　　　　　　　　　　　　　　　　　　▷正答　2

1　野党の選挙協力は5党で実施されたが，中心となった立憲民主党と共産党はともに議席を減らした。

2　**正解！**　利用者率は19.49％だった（2022年参院選では18.60％）。

3　CMの利用禁止については意見がまとまらず，施行後3年をめどに再検討することが附則に盛り込まれた。

4　投票率は52.05％となり50％を上回った。投票率が24年ぶりに50％を下回ったのは2019年選挙である（48.80％）。

5　与党（自民党・公明党）に，日本維新の会，国民民主党を加えた「改憲支持派」の議席数は3分の2を上回った。

No. 2　　　　　　　　　　　　　　　　　　　　　　　▷正答　1

1　**正解！**　2019年8月には佐藤栄作首相を，2019年11月には桂太郎首相を抜いて，憲政史上最長となった。

2　この参院選で自民党は議席を伸ばし，第1党の地位を維持した。公明党と合わせた与党の議席は過半数を超えた。

3　安倍内閣で内閣官房長官を務めた菅首相は，就任にあたりアベノミクスの継承を表明した。また，コロナ対策で財政支援を積極的に行ったため，財政再建を優先したともいえない。

4　デジタル庁は内閣直属の新官庁として発足し，他の省庁に是正を勧告できる強い権限が認められた。

5　「新しい資本主義」を掲げる岸田首相は，新自由主義を批判し，自由競争や規制改革よりも分配重視の経済政策を導入するとしている。

No. 3　　　　　　　　　　　　　　　　　　　　　　　▷正答　3

1　中国については，日本の平和と安定に対する「これまでにない最大の戦略的な挑戦」になっているとして警戒感を示した。

2　新戦略は敵のミサイル基地等を攻撃できる「反撃能力」の保有を盛り込んだが，専守防衛の変更や先制攻撃の容認に踏み切ったわけではない。

3　**正解！**　「反撃能力」の保有は抑止力にもなる。

4　統合防空ミサイル防衛能力だけでなく，敵の射程圏外から反撃するスタンド・オフ防衛能力も重視された。

5　防衛費の総額は，前回計画と比べ，大きく（1.6倍）増える。

No. 4 岸田内閣の政策構想に関する次の記述のうち，妥当なのはどれか。

1　岸田内閣は，市場主義の弊害を念頭に，国家主導での課題解決を優先する「新しい資本主義」を提唱した。「新しい資本主義」では官民の役割の違いが明確化され，経済成長は民間が，国民への分配は国家が担う。

2　2022年6月の「新しい資本主義のグランドデザイン及び実行計画」は，科学技術・イノベーションを重点政策の1つに挙げ，高度な防衛力の整備に資する軍事技術の開発にも予算を重点配分するとした。

3　2022年6月の「デジタル田園都市国家構想基本方針」は，まず100の自治体でサテライトオフィス等の設置を含むデジタル実装を進め，地方の魅力の向上を図るとの方針を掲げた。

4　岸田内閣は日本を周回する海底ケーブルを「デジタル田園都市スーパーハイウェイ」と呼んでおり，2022年6月の「デジタル田園都市国家構想基本方針」には，2025年度末までの完成が盛り込まれた。

5　2022年12月，政府は「デジタル田園都市国家構想総合戦略」に地方活性化に向けた施策を取りまとめ，東京一極集中を是正する時期については明言を避けた。

No. 5 選挙制度と1票の格差に関する次の記述のうち，妥当なのはどれか。

1　2018年，参院選の「非拘束名簿式の比例代表」に「特定枠」制度が導入された。「特定枠」で立候補する候補者は，選挙区に関係なく選挙事務所を設置し，ポスターを掲示できる。

2　2018年の参議院の議員定数是正では，選挙区の一部で定数が増やされる一方，小党分立を回避するとの観点から比例代表の定数は削減され，全体としては総定数の「6減」が実現した。

3　2022年の改正公職選挙法により，衆院選の定数について，2020年の国勢調査をもとにした都道府県への議席の再配分が行われた。都道府県の小選挙区数について10増10減を実施するとともに，140の選挙区の線引きを変更した。

4　2018年，最高裁は2017年の衆院選の1票の格差（1.98倍）について，今後「1人別枠方式」が導入されることで格差が縮小することなども見据え，「合憲状態」との判決を下した。

5　2020年，最高裁は2019年の参院選の1票の格差（3.00倍）について，依然として3倍もの格差があるのは容認できないとして，「違憲状態」にあるとの判決を下した。

No. 4　▷正答　4

1　「新しい資本主義」の特徴は，市場と国家がそれぞれのよさを発揮し，官民連携による課題解決を目指す点にある。政策には国の支援による新たな市場の創造も含まれており，「経済成長は民間が」といった考え方はとらない。

2　重点政策の1つが科学技術・イノベーションである点は正しいが，軍事技術の開発に予算を重点配分するとはいっていない。具体例には，量子コンピュータの開発，ＡＩ技術の実装，微生物を利用したバイオものづくり，再生医療・遺伝子治療などが挙げられている。

3　「基本方針」が明記したのは，1000自治体がデジタル実装に取り組むことである。具体的には，2024年度末までに1000の自治体でサテライトオフィス等を設置するとしている。

4　**正解！**　「基本方針」はデジタルインフラの整備を積極的に進めるとしている。海底ケーブルの設置のほか，光ファイバの世帯カバー率や５Ｇの人口カバー率などで，実行に向けた数値目標が掲げられた。

5　東京一極集中を是正については，2027年度に東京圏への転入超過を解消するとの具体的目標を盛り込んだ。

No. 5　▷正答　3

1　政党の判断で選ばれる「特定枠」の候補者は，選挙運動なしで優先的に当選できる。そのため，選挙事務所の設置やポスター掲示のような選挙運動が認められていない。

2　2018年に実現したのは参議院の議員定数の「6増」である。その内訳は2議席が選挙区（埼玉），4議席が比例代表である。議席の削減はなかった。

3　**正解！**　10増10減は，議員1人当たりの人口を「基準値」と定め，これで都道府県の人口を割って配分する議員数を出すアダムズ方式で算定された。ただし，小数点以下を切り上げるため，どの都道府県も必ず1議席以上となる。

4　各都道府県にまず1議席を割り当てる「1人別枠方式」は，2011年の最高裁判決で1票の格差の原因とされたことから，2012年に関連規定が廃止された。また，2018年の判決は「合憲」である。「合憲状態」という言い方はない。

5　当時の1票の格差について「著しい不平等状態にない」とし，また「国会が格差是正を目指す姿勢を失ったとは言えない」として，「合憲」判決を下した。

 **日本政治の予想問題2**

No. 6 日本の外交に関する次の記述のうち,妥当なのはどれか。

1　日本外交の指針である「自由で開かれたインド太平洋」は,対象地域を日本から東南アジア経由で南アジア東部までと定め,日本はこの地域の国々との経済協力を図るとした。

2　日本の「自由で開かれたインド太平洋」は,アメリカ,オーストラリア,インドからは支持を得ているが,カナダやドイツなどは中国との対立激化を懸念して態度を保留している。

3　岸田首相は,外交は人類の未来に向けた理想を実現する手段でもあるとして,普遍的価値の重視と地球規模課題の解決の2つを軸とする「新時代アイデアリズム外交」を掲げた。

4　岸田首相は2022年,日本の首相として初めて核兵器不拡散条約（NPT）運用検討会議に出席し,核兵器のない世界という理想と厳しい安全保障環境という現実を結びつけるためのロードマップとして,5つの行動からなる「ヒロシマ・アクション・プラン」を提唱した。

5　2022年の『外交青書』は,ロシアのウクライナ侵攻を強く非難した一方,中国については国交正常化50年を祝って「建設的かつ安定的な日中関係」の構築を重視すると述べ,批判的表現は一切用いなかった。

No. 7 日本の開発協力に関する次の記述のうち,妥当なのはどれか。

1　政府によって実施されるODAは国家の政治的思惑を反映しやすい。そのため国連は加盟国に対し,拠出の大半を国際機関にゆだね,そこから援助が必要な国に配分する方式をとるよう要請している。

2　2015年に閣議決定された「開発協力大綱」では,経済的な「開発援助」だけでなく,平和構築やガバナンス,基本的人権の推進,人道支援なども含め,日本は幅広く「開発協力」を行うとしている。

3　2020年の日本のODA（贈与相当額計上方式）は約163億ドルで,総額においても,「ODAの対国民総所得比」においても,アメリカ,ドイツ,イギリスに次ぐ世界第4位だった。

4　中国が港湾や道路の建設といったインフラ支援を重点に途上国へのODA供与を行っているのに対し,日本はSDGsの観点からインフラ支援を抑制し,基礎的な保健サービスを提供する「ユニバーサル・ヘルス・カバレッジ」の普及に絞って,ODAによる開発協力を行っている。

5　アフリカ開発会議（TICAD）は,主要先進国が持ち回りで開催しているアフリカ支援のための首脳会議である。2022年の第8回会議は日本で開催され,日米欧の首脳がアフリカの人材育成への協力を約束した。

![問題演習] **正答と解説**

No. 6　　　　　　　　　　　　　　　　　　　　　　　　　▷正答　4

1　「インド太平洋」はインド洋と太平洋でつながっている一帯をさす。日本政府はアジアだけでなく, インド洋の西のアフリカ東部までを含めて「成長と繁栄の大動脈」にしたいとしている。

2　「自由で開かれたインド太平洋」は国際社会で幅広い支持を得ており, カナダやドイツなども実現に向けた協力を約束している。また, 日本はASEAN諸国と「自由で開かれたインド太平洋」に基づく政策協調を積極的に進めている。

3　岸田首相は, 未来に向けた理想を掲げながらも, したたかで現実的な外交を進めていくとして「新時代リアリズム外交」を外交理念に据えた。

4　**正解！**　5つの行動とは, 核兵器不使用の共有, 透明性の向上, 核兵器数の減少, 核兵器の不拡散と原子力の平和的利用, 各国指導者等の被爆地訪問の促進である。

5　『外交青書』はロシアを非難し, 北方領土について「日本固有の領土であるが, 現在はロシアに不法占拠されている」と明記した。一方, 中国については, 「建設的かつ安定的な日中関係」の構築を目指すとしながらも, 例年どおり中国の「現状変更の試み」を批判した。

No. 7　　　　　　　　　　　　　　　　　　　　　　　　　▷正答　2

1　ODAは各国の外交戦略にかかわるものであり, 国連は記述のような要請はしていない。なお, 日本の場合, 国際機関などを経由する多国間ODAは約19％で, 約81％は二国間ODAとして対象国に直接支出されている。

2　**正解！**　さらに, 政府が主導するODAや技術協力だけでなく, 民間企業などが途上国の経済開発に積極的にかかわることも重要だとしている。

3　日本のODAは総額では世界第4位だったが, 「ODAの対国民総所得比」では, OECD（経済協力開発機構）の開発援助委員会（DAC）の順位において, 29か国中の13位だった。

4　日本は「質の高いインフラの整備」をODAで重視する点に掲げて, 積極的に支援している。ユニバーサル・ヘルス・カバレッジの推進を重視している点は正しい。

5　アフリカ開発会議（TICAD）は, 主要先進国が持ち回りで開催しているわけではなく, 日本主導で日本かアフリカで開かれている。2022年の第8回会議はチュニジアのチュニスで開催された。

第2章 国際政治

●過去問研究

最頻出は「各国情勢」

国際政治の時事が出題されるのは，基礎能力・教養試験の時事，政治，社会，それに専門試験の政治学や国際関係だ。明らかに国際政治は，時事の中心テーマの1つであるといってよい。

国際政治の時事問題では，**国名を選択肢に含む「各国情勢」についての出題が目立つ**。多くはアジアやヨーロッパなど地域を限定して5つの選択肢を組む問題で，平成29年度の国家総合職，30年度の国家一般職［大卒］，令和2年度の東京都［Ⅰ類B］，4年度の国家専門職［大卒］などで出題例が見られる。このうち4年度の国家専門職の問題は中東に注目し，イスラエル，パレスチナ，イラン，アフガニスタン，アゼルバイジャンで5つの選択肢を構成した。

ほかに，最近話題となった国について地域を限定せずに羅列するパターンもあって，たとえば令和2年度の国家専門職［大卒］は5つの選択肢を中東，香港，英国，米国，ブラジルで組んだ。また，4年度の国家総合職では，5つの選択肢がベラルーシ，中国，ミャンマー，ベネズエラに，日本の地域連携という珍しい組合せだった。

出題が多いのは欧米主要国の政治情勢。特に国政選挙や政権交代があった国は要注意だ。事実，令和4年度の特別区［Ⅰ類］は前年のドイツの政権交代を出題した。

「地域機構」も有望

国際政治の時事では**「地域機構」**も要注意テーマ。最頻出はやはりEUだ。EUの時事情勢は専門科目の国際関係でも出題されうる。2020年のイギリスのEU離脱もまだ出題圏内だ。

EU以外の地域機構ではアジア関連が有望。ASEANやAPECの動向なども押さえておきたい。

 今年の注目はこれ！

今年の注目は，なんといってもウクライナ情勢。ただし，事態が流動的であるため，出題内容は大まかな動向や経緯に限られるだろう。

各国情勢では，アメリカの中間選挙に加え，フランスと韓国の大統領選挙が重要。アメリカについては対中包囲網を意識したバイデン外交も出しやすい。

先取り問題が出るなら，2023年に広島市で開催されるG7サミット関連。核軍縮の動向にも注意が必要だ。

アメリカ情勢

 大国間の対立が深まるなか，アメリカは日本にとって最重要パートナー。その政治動向は基本中の基本！

● 選挙

□ **2020年選挙**‥‥2020年11月の大統領選挙では，オバマ政権で副大統領を務めた**民主党のバイデン氏**が，現職大統領で共和党のトランプ氏よりも多くの「選挙人」を獲得して勝利。2021年1月に大統領に就任した。

　連邦議会選挙では民主党が下院の多数を獲得。一方，上院では100議席を民主党と共和党が50議席ずつ分け合う結果となったが，上院議長は副大統領が兼務することから，実質的には民主党が多数を制した。

□ **2022年選挙**‥‥2022年11月，連邦議会は「**中間選挙**」を実施。下院議員全員と上院議員の約3分の1が改選された。下院では，2年ぶりに**共和党が過半数の議席を獲得**。一方，上院では民主党が過半数を制した。

● バイデン外交

□ **バイデン外交**‥‥バイデン大統領は，世界情勢について「**民主主義と専制主義（権威主義）の闘い**」になるという認識を表明。中国やロシアに対抗する姿勢を強くアピールしている。一方で，トランプ前政権の独自路線は修正。地球温暖化対策の国際的枠組みである「パリ協定」に復帰し，WHO（世界保健機関）からの脱退も撤回した。

□ **クアッド**‥‥**日米豪印4か国の政治連携**。バイデン米大統領の呼びかけで，2021年にアメリカで初の首脳会議が開かれた。4か国は自由経済や民主政治といった基本的価値を共有し，対中政策のほか，インフラ開発，宇宙・サイバー技術，クリーンエネルギーなどでも協力を約束。首脳会議は毎年定例化され，2022年には日本で開催された。

□ **民主主義サミット**‥‥2021年開催。日本を含む110の国・地域が参加した。バイデン大統領はこの会議に台湾を招待。中国への対抗姿勢をあらわにした。

 AUKUS

　アメリカ，イギリス，オーストラリアが2021年に創設した新たな安全保障の枠組み。3か国の頭文字からつくられた造語で，「オーカス」と読む。

　ねらいは，太平洋地域で海洋進出を進める中国に対する軍事的抑止力の強化。米英はまずオーストラリアが進める原子力潜水艦の配備を支援する。

暗記お助け

各国情勢

 国際政治では各国情勢も頻繁に出題されている。主要国の政治情勢については，出題を前提に学習しておこう！

● ヨーロッパ情勢

□**フランス**‥‥2022年4月の**大統領選挙ではマクロン氏が再選**。第1回投票は中道で現職のマクロン氏（共和国前進），極右のルペン氏（国民連合），極左のメランション氏（不屈のフランス）の三つどもえ。第2回投票に進んだマクロン氏とルペン氏の争いは，58.55%の票を得たマクロン氏が勝利した。

　一方，2022年6月の**国民議会選挙では与党が大敗**。マクロン大統領の支持勢力は議席を大幅に減らし，左右の急進政党が議席を伸ばした。

□**イギリス**‥‥2019年に就任した保守党のジョンソン首相は，**イギリスのEU離脱（ブレグジット）**を争点に総選挙を実施。保守党が大勝し，2020年1月末のEU離脱を実現させた。2022年9月，支持率低迷によりジョンソン首相は退任。後継のトラス首相も失政により2か月もたたずに辞任し，10月にインド系のスナク氏が保守党党首となり，首相に就任した。

□**ドイツ**‥‥2021年9月の総選挙では，社会民主党が16年ぶりに第1党となり，メルケル首相を支えてきたキリスト教民主・社会同盟は第2党に転落した。第3党は緑の党，第4党は自由民主党となり，前回の選挙で躍進した極右政党「ドイツのための選択肢」は議席を減らした。

　連立協議の結果，2021年12月に**社会民主党，緑の党，自由民主党の3党連立政権が発足**。社会民主党のショルツ氏が首相に就任した。ショルツ首相は，外相・内相など閣僚の半数に女性を起用した。

□**イタリア**‥‥2021年に大連立政権が発足。欧州中央銀行前総裁のドラギ氏を首相とする実務型の内閣が誕生した。しかし，右派と左派のポピュリスト政党が参加した連立政権は安定せず，ドラギ首相は2022年7月に辞任。9月に総選挙が行われた。勝利したのは右派連合。その中心を担った**極右政党「イタリアの同胞」のメローニ党首**が，イタリア初の女性首相に就任した。

□**ロシア**‥‥2018年の大統領選挙では，現職の**プーチン大統領が過去最高の得票率で再選**。2020年には，大統領の任期や政治機構の役割を変更する憲法改正案が国民投票で可決された。2021年のロシア下院選挙では，プーチン大統領の与党「統一ロシア」が第1党となった。

　2014年，プーチン政権はウクライナから領土を奪い取る政治戦略に着手。

まずクリミア半島をウクライナから独立させ，ロシアに併合した。ウクライナ東部でも分離独立派を支援。親ロシア派の支配地域の拡大を図った。

2022年2月には**ウクライナに対する「特別軍事作戦」を開始**。9月にはウクライナ東部と南部の支配地域で住民投票を実施し，大多数の賛成を得たとして，**占領地域4州のロシア連邦加盟を宣言**した。

□**ベラルーシ**‥‥2020年の大統領選挙で，現職の**ルカシェンコ大統領が再選**。選挙後しばらく独裁的支配に反発する市民のデモが続いた。

□**ハンガリー**‥‥2022年4月の議会選挙で**オルバン首相の与党が圧勝**。2010年に就任したオルバン首相は，反移民・反EUで知られ，中露とも友好的。

● アジア・太平洋情勢

□**中国**‥‥2018年の憲法改正で**国家主席の任期規定は撤廃**。習近平氏は2022年には慣例を破って共産党総書記に留任し，権力基盤を盤石にした。

2020年，中国は**香港国家安全維持法**を制定。重大犯罪については中国にも管轄権を付与するとした。

□**台湾**‥‥2020年の台湾総統選挙では，中国との統一に反対する**現職の蔡英文総統（民主進歩党）が再選**された。

□**韓国**‥‥2022年3月の大統領選挙で「国民の力」（保守系）の**尹錫悦氏（ユンソギョル）が当選**。5月に大統領に就任した。国会では2020年の総選挙に勝利した**革新系の「共に民主党」が多数**のため，政権運営には困難が伴う。

□**ミャンマー**‥‥2020年11月の総選挙では，国民民主連盟が軍部系政党を大きく上回る議席を獲得し，民主政権が継続。しかし，2021年2月，**ミャンマー国軍はクーデターによって武力で全権を掌握**。民主政権幹部を拘束し，総選挙の無効を宣言した。

□**インド**‥‥2019年のインド総選挙では，モディ首相が率いる**インド人民党が圧勝**。モディ首相の続投が決まった。

□**フィリピン**‥‥2022年5月の選挙で，**大統領にマルコス氏**（元大統領の長男），**副大統領にドゥテルテ氏**（前大統領の長女）を選出。

□**オーストラリア**‥‥2022年5月の総選挙で労働党が勝利し，9年ぶりに政権交代。**労働党のアルバニージー党首が首相に就任**した。

ウイグル人権問題

2021年，中国に暮らす少数民族のウイグル族（トルコ系イスラム教徒）が拷問や虐待を受けたり，強制労働させられたりしていることが発覚。中国政府はテロリストの再教育施設だと説明したが，国連や欧米諸国は国家的な人権抑圧事件として強く非難した。

アメリカは新疆（しんきょう）ウイグル自治区の特産品である「新疆綿」の輸入を禁止。さらに「ウイグル強制労働防止法」を定め，2022年6月から新疆ウイグル自治区が関与する全製品の輸入を禁止している。アメリカのほかEUやイギリスなども，新疆の共産党幹部や関連企業への制裁を行っている。

中近東情勢は地図で整理

ここに注目 紛争が続く中近東。ここでは地図で国の位置を確認しながら，紛争の特徴を整理しよう！

□ **パレスチナ**‥‥イスラエル領内のパレスチナ自治区は**ガザ地区**と**ヨルダン川西岸地区**の２か所で構成。独立を前提に自治政府の統治が認められているが，イスラエルとの対立は今も続いている。しかも，２地区は政治的分裂状態にあり，ガザ地区は原理主義組織「**ハマス**」が実効支配している。

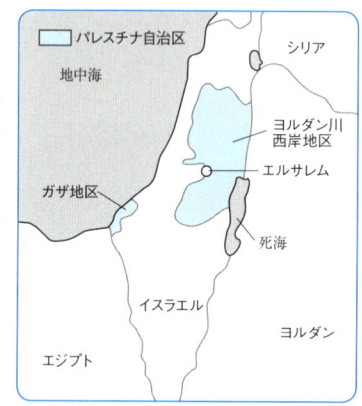

□ **シリア**‥‥アサド大統領の個人支配が続くシリアでは，2011年以降，米英などが支援する反政府勢力とロシアの支援を受ける政府軍との衝突が続いた。2018年にはアサド政権側が国土の大半を掌握したが，北部においてシリア対トルコの紛争が発生。ロシアが仲介して，2020年に停戦合意が成立した。

□ **イエメン**‥‥2015年，**イスラム教シーア派の武装組織「フーシ」が北西部を支配**。スンニ派の政府（ハディ暫定大統領派）などとの間で内戦状態になっている。サウジアラビアなどが政府側に立って軍事介入。フーシはイランの支援を受けている。

□ **イスラエルとの国交正常化**‥‥2020年８月から12月にかけて，イスラエルは対立してきたアラブ諸国のうち，アラブ首長国連邦(UAE)，バーレーン，スーダン，モロッコと国交正常化で合意。

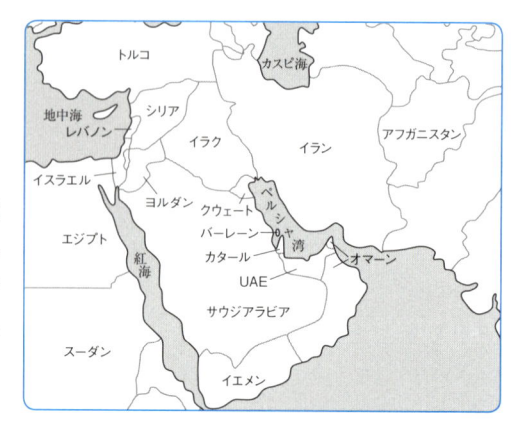

□ **アフガニスタン**‥‥2021年，アフガニスタン駐留米軍が撤退。これを受けて，**イスラム原理主義組織「タリバン」**が勢力を拡大し，全土を制圧。新政権を樹立させた。

核軍縮・核軍拡用語

暗記お助け

ここに注目 核軍縮は日本国民の願い。平和国家の公務員を目指す以上，知っていて当然の知識だ！

● 核軍縮

☐ **NPT**‥‥**核不拡散条約**。核兵器が世界に広まらないようにするための条約。1968年調印（1970年発効）。ほとんどすべての国連加盟国が批准している。

☐ **IAEA**‥‥**国際原子力機関**。原子力問題を担当する国連関連機関で，加盟国の原子力施設に対し，安全性や悪用の有無などを調査する「査察」を行う。

☐ **核兵器禁止条約**‥‥核兵器（あるいはその他の核爆発装置）の**開発，実験，製造，生産，獲得，保有，貯蔵のすべてを禁止する条約**。2017年に国連で採択された。122か国が賛成したが，核保有国や日本などは「核抑止」の政策的重要性を理由に参加していない。2021年1月に発効。

☐ **核兵器廃絶国際キャンペーン（ICAN）**‥‥軍縮NGOの世界連合。核兵器禁止条約の採択に大きく貢献したとして**2017年のノーベル平和賞**を受けた。

● 核軍拡

☐ **北朝鮮の核実験**‥‥北朝鮮は2006年から2017年まで**6回の核実験を強行**。最近の2回の核実験ではミサイル搭載可能な小型核弾頭の開発や，原爆よりも威力のある水爆の開発に成功したと発表した。

☐ **イランの核開発**‥‥2015年7月，**イランと米英仏露中独の6か国は「包括的共同行動計画」に合意**。イランは今後15年間，兵器に使える高濃縮ウランを製造しないことや，すでにある低濃縮ウランも保有量を一定以下に保つことを約束した。

2018年，アメリカのトランプ政権は，有効性に疑問があるとして，この「核合意」から離脱。独自に制裁を始めた。一方，イランは核開発に必要なウラン濃縮を再開した。2021年のイラン大統領選挙で保守強硬派のライシ氏が当選したことで，核合意の再建に向けた交渉は困難になっている。

国連の北朝鮮制裁決議

北朝鮮の核実験に対し，国連は2006年以降たびたび憲章第7章第41条に基づく経済制裁を実施。武器貿易の禁止や金融制裁などを行ってきた。

2016年からは北朝鮮の外貨獲得を阻止する規制を重視。加盟国に北朝鮮産の鉱物資源や繊維製品を輸入しないよう求めた。さらに2017年の追加制裁では，北朝鮮労働者の受け入れ禁止などを定めた。

CHAPTER **2** 国際政治

地域機構一覧

ここに注目 地域機構は，国際政治ではもちろん，地域経済統合を扱う世界経済でも頻出。略称，加盟国，連携の特徴など，最低限の知識をしっかり頭に入れるのが肝要！

● ヨーロッパの地域機構

□**EU（欧州連合）**……ヨーロッパ27か国の地域機構。市場統合，経済・通貨統合のほか，多くの政策領域で統合を推進。

□**ユーロ**……EUの共通通貨。ただし導入しているのはEU加盟国では20か国。なお，通貨としてユーロを使用している地域は「ユーロ圏」と呼ばれている。

□**イギリスのEU離脱（ブレグジット）**……2016年，イギリスは国民投票でEUからの離脱を決定。2020年1月末にEUを離脱した。移行期間終了直前の2020年12月，イギリスはEUと新自由貿易協定を締結した。

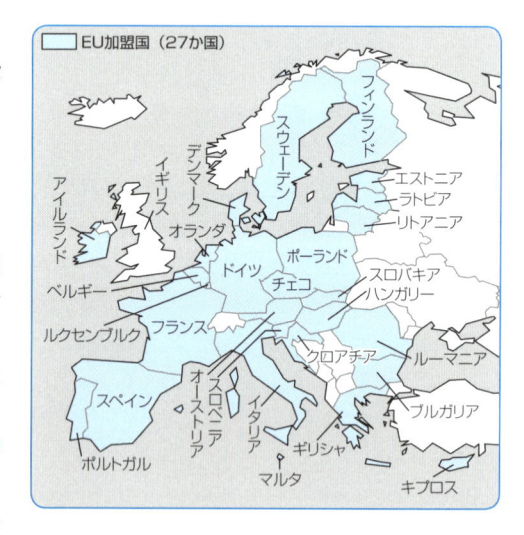

□ EU加盟国（27か国）

● アジアの地域機構

□**ASEAN（アセアン；東南アジア諸国連合）**……加盟国は東南アジア10か国。2007年に「ASEAN憲章」を策定し，2008年に法的根拠を持つ多国間組織に移行した。2015年末には「**ASEAN共同体**」として，経済共同体（AEC），政治・安全保障共同体，社会・文化共同体の3つの共同体を創設した。2022年には東ティモールの加盟を承認（加盟時期は未定）。

□**EAS（東アジア首脳会議）**……2005年から開催されている**東アジア地域諸国の首脳会議**。参加国は当初16か国（ASEAN10か国，日，中，韓，豪，NZ，印）だったが，2011年の会議からは米露も加わって18か国になった。

□**ASEM（アセム；アジア欧州会合）**……アジアとヨーロッパの51か国と2つの国際機関（EUとASEAN）が参加。2年に1度，首脳会議を開催。

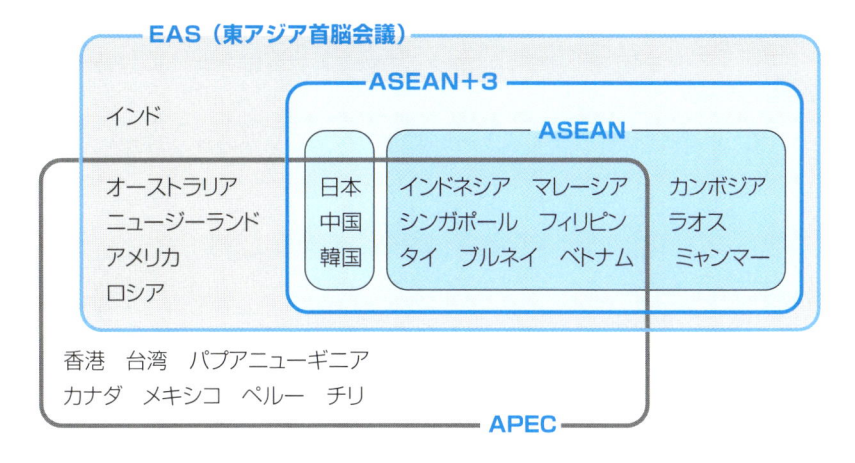

□**APEC（エイペック；アジア太平洋経済協力会議）**‥‥「**開かれた地域協力**」
を掲げるアジア・太平洋地域の経済協力機構。加盟国は太平洋をぐるりと囲
む21の国と地域（「地域」がつくのは台湾と香港が参加しているため）。

□**SCO（上海協力機構）**‥‥**中央アジア地域の安定を図る地域機構**。2001年
発足。加盟国は中国，ロシア，カザフスタン，キルギス，タジキスタン，ウ
ズベキスタン。経済や文化での協力に加え，テロ組織や分離独立運動への対
処など政治的・軍事的な協力も重視している。2017年に**インド**，**パキスタン
が加盟**。2021年にはイランの正式加盟が決定した。さらに周辺のユーラシア
大陸諸国をオブザーバーやパートナーに加え，影響力強化を図っている。

● アジア以外の地域機構

□**USMCA**‥‥**米国・メキシコ・カナダ協定**。北米３か国は1994年に発効し
たNAFTA（北米自由貿易協定）に基づいて貿易自由化を進めてきたが，ア
メリカのトランプ政権の求めに応じて再交渉が行われ，2020年７月，原産地
規制の強化などを盛り込んだ新協定が発効した。

□**メルコスール（南米南部共同市場）**‥‥**南米諸国の地域経済統合機構**。加盟
国はブラジル，アルゼンチン，パラグアイ，ウルグアイなど。ほかに，チリ，
コロンビア，ペルーなどが準加盟国。域内関税の原則撤廃と対外共通関税の
設定（＝関税同盟）をすでに達成（準加盟国は域内関税撤廃のみ参加）。

□**太平洋同盟**‥‥**メキシコ，コロンビア，ペルー，チリが構成する地域経済機
構**。2011年設立。2016年には加盟国間の貿易関税を92％撤廃した。アジア・
太平洋地域との関係強化を目指す。日本もオブザーバー国に加わっている。

□**AU（アフリカ連合）**‥‥アフリカの55の国と地域が加盟する世界最大の地
域機構。

 国際政治の基礎問題

No. 1 多国間首脳外交に関する次の記述のうち，妥当なのはどれか。
1 2021年以降，日米豪印の首脳会合は定期開催されている。
2 2021年，日米豪は新しい安全保障同盟をスタートさせた。
3 2022年，日米中韓の対北朝鮮協議で経済制裁が議論された。
4 2022年のG7サミット（主要国首脳会議）は，途上国支援や気候変動問題を閣僚会合にゆだね，ウクライナ支援だけを議題とした。
5 2022年の東アジア首脳会議（EAS）にはロシアのプーチン大統領が参加し，ウクライナ侵略を擁護する発言を繰り返した。

No. 2 地域機構に関する次の記述のうち，妥当なのはどれか。
1 EU（欧州連合）の拡大は続いており，2021年にはウクライナがEU加盟を果たし，参加国は35か国となった。
2 USMCA（米国・メキシコ・カナダ協定）は，トランプ大統領が一方的に推し進めたもので，カナダの反発により未批准のまま廃案となった。
3 ASEAN（東南アジア諸国連合）は，2015年に「ASEAN共同体」を創設し，一部でEU型の通貨統合を実現させた。
4 SCO（上海協力機構）は，中国，ロシアと中央アジア諸国がつくった地域機構であるが，2021年にはイランの正式加盟が決定した。
5 EAS（東アジア首脳会議）は，ASEAN諸国と日本，中国，韓国の政策協調の場であり，拡大会合には印，露，豪もゲストとして参加する。

No. 3 核軍縮と核開発に関する次の記述のうち，妥当なのはどれか。
1 2017年に国連で採択された「核兵器禁止条約」は，核保有国はもちろん，日本，韓国，NATO諸国などが参加していないことから，条約として未発効となっている。
2 「核兵器禁止条約」は新たな核兵器の開発と製造を禁止すると定めた条約で，旧型の核兵器の貯蔵は厳重な管理のもとであれば容認される。
3 バイデン政権は2021年1月，トランプ政権が離脱した「イラン核合意」への復帰を宣言した。
4 北朝鮮は2022年も頻繁にミサイル発射実験を繰り返し，10月に発射した弾道ミサイルは日本上空を通過した。
5 2022年の北朝鮮のミサイル発射実験に対し，国連安全保障理事会は経済制裁を含む非難決議を採択した。

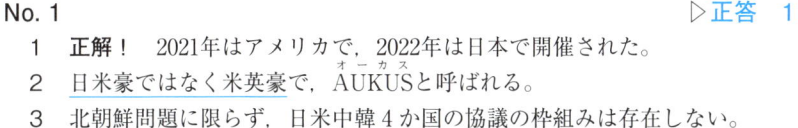正答と解説

No. 1 ▷正答 1

1 **正解！** 2021年はアメリカで，2022年は日本で開催された。

2 日米豪ではなく米英豪で，AUKUS（オーカス）と呼ばれる。

3 北朝鮮問題に限らず，日米中韓4か国の協議の枠組みは存在しない。

4 G7サミットでは多様な分野での政策協調が図られる。2022年のG7サミットでは途上国支援（食料危機への資金提供）や気候変動問題（「気候クラブ」の創設）についても合意が得られた。

5 ロシアのプーチン大統領は2022年11月にアジアで開催された一連の国際会議（EAS，APEC，G20）をすべて欠席した。

No. 2 ▷正答 4

1 ウクライナは2022年に「加盟候補国」に加えられ，これから時間をかけて加盟交渉が行われる。またEU加盟国数は27である。

2 USMCAは2020年に発効した。自動車の原産地規制の厳格化や労働・環境規定の強化などが盛り込まれている。

3 ASEAN共同体は単一市場の実現を図るものであり，通貨統合については実現もしていないし，目指してもいない。

4 **正解！** SCOは経済だけでなく政治・軍事での協力も行う。2017年にはインドとパキスタンが加盟した。

5 EASには，ASEAN諸国と日中韓だけでなく，米，露，印，豪，ニュージーランドも正式メンバーとして参加している。

No. 3 ▷正答 4

1 「核兵器禁止条約」は，50か国以上の批准という発効条件が整い，2021年1月に発効した。核保有国や日韓，NATO諸国などは参加していない。

2 「核兵器禁止条約」は，核兵器の新規の製造・獲得などにとどまらず，既存の核兵器を含め，すべての核兵器の保有を禁止している。

3 アメリカのバイデン政権はイラン核合意への復帰を表明していない。アメリカが離脱した後，イランがウラン濃縮レベルを引き上げるなど，核兵器の開発を進める姿勢をとっているためと見られる。

4 **正解！** 2022年10月に打ち上げられたミサイルは日本上空を通過し，過去最長の約4600kmを飛んだ。

5 国連安全保障理事会は，中国とロシアの反対により，経済制裁や非難決議はもちろん，北朝鮮を非難する議長声明すら出せなかった。

国際政治の予想問題 1

No. 4 　近年のアメリカ政治に関する次の記述のうち，妥当なのはどれか。

1 　トランプ前大統領は「民主主義と専制主義の闘い」を掲げて，中国との対決姿勢を明瞭に示した。一方，バイデン大統領は中国との対話の重要性を強調し，米中首脳会議の定例化を提唱した。

2 　バイデン政権発足後，アメリカは，地球温暖化対策の国際的枠組みである「パリ協定」に復帰した。一方，中国寄りすぎることを理由にWHO（世界保健機関）からは脱退した。

3 　2021年，バイデン大統領は初の「民主主義サミット」を開催した。この会合には日本や台湾を含む110の国・地域が参加したが，中国やロシアは招待されなかった。

4 　2022年 5 月，バイデン大統領のウクライナ支援に反発するアメリカ議会は，共和党主導でウクライナ支援の手続きを厳格化する「武器貸与法」を成立させた。

5 　2022年11月の連邦議会の中間選挙では，下院ではバイデン大統領を支持する民主党が過半数の議席を獲得したものの，上院では共和党が過半数を得た。

No. 5 　東アジア情勢に関する次の記述のうち，妥当なのはどれか。

1 　2022年 3 月の韓国大統領選挙では，保守系政党「国民の力」の尹錫悦氏（ユンソンギョル）が当選した。国会では同党の議員が多数を占めていることから，尹大統領は円滑な政権運営を続けている。

2 　2020年の台湾総統選挙では，中国との統一に反対する中国国民党の韓国瑜候補が，親中派とされる民主進歩党の蔡英文候補らを破って，再選を果たした。

3 　中国共産党は2022年の党大会で，総書記の任期を 2 期10年までとする慣例を破って，習近平氏の 3 期目の総書記就任を決定した。国家主席の任期規定も2018年の憲法改正で撤廃されたことから，習氏は党と国家の両方で任期の制約を受けない最高指導者となった。

4 　ミャンマーでは，2015年の総選挙の結果を受けて国民民主連盟による民主政権が成立したが，2020年の総選挙では軍部を母体とする連邦団結発展党が第 1 党となり，民主政権から軍事政権に移行した。

5 　フィリピンでは，2022年 5 月の大統領選挙で，麻薬撲滅に力を入れてきたロドリゴ・ドゥテルテ大統領が再選された。ドゥテルテ大統領は，フェルディナンド・マルコス氏を 2 期目の副大統領に任命した。

正答と解説

No. 4　　　　　　　　　　　　　　　　　　　　　▷正答　3

1　「民主主義と専制主義の闘い」を掲げたのは，トランプ大統領ではなく，バイデン大統領である。バイデン政権は中国に対する警戒感を強めており，米中首脳会議の定例化など提唱していない。

2　中国寄りすぎることを理由にWHOからの脱退を国連に通告したのはトランプ大統領である。バイデン大統領は就任早々，この脱退通告を撤回した。

3　**正解！**　中露のほか，EU加盟国でも独裁色の濃いハンガリーや，親米的とはいえ王族支配のアラブ諸国は招待されなかった。

4　武器貸与法はバイデン政権を支持する民主党が主導して成立した。同法は軍事支援に関する手続きを簡略化し，大統領の権限で迅速に支援できるようにした。

5　上院と下院が反対である。共和党が過半数の議席を得たのは下院においてであり，上院では民主党が過半数を獲得した。

No. 5　　　　　　　　　　　　　　　　　　　　　▷正答　3

1　国会で多数を占めているのは革新系野党の「共に民主党」である。尹錫悦大統領は2024年4月の次期総選挙まで，最低2年は国会対策に苦労することになる。

2　中国との統一に反対しているのは蔡英文氏を擁立した民主進歩党で，これに対し，親中派とされる中国国民党は韓国瑜候補を立てた。選挙の結果，蔡英文総統が再選された。

3　**正解！**　なお，習近平氏は人民解放軍の最高指導者（中央軍事委員会主席）も務め，政治の全分野で権力を掌握している。

4　2020年の総選挙でも国民民主連盟が勝利した。その後，これを不満とするミャンマー国軍はクーデターに訴え，武力で全権を掌握し，軍事政権を発足させた。

5　フィリピン憲法は大統領の任期を1期6年と定めており，再選はできない。また，フィリピンの副大統領は選挙で選出される。2022年の大統領・副大統領選挙では，大統領にフェルディナンド・マルコス氏が，副大統領にサラ・ドゥテルテ氏（ロドリゴ・ドゥテルテ前大統領の長女）が当選した。

 **国際政治の予想問題２**

No. 6　ヨーロッパ情勢に関する次の記述のうち，妥当なのはどれか。

1　2021年のドイツ連邦議会選挙では，「キリスト教民主・社会同盟」が第1党の地位を維持した。しかし，第2党の「社会民主党」は第3党の「緑の党」と「2位3位連合」を組み，連立政権を樹立させた。

2　2022年4月のハンガリー議会選挙では，オルバン首相の与党が圧勝した。2010年に就任したオルバン首相はEU拡大論者として知られ，中国やロシアと敵対してもウクライナのEU参加を促すべきだと主張している。

3　2022年4月のフランス大統領選挙では，中道で現職のマクロン氏，極左のルペン氏，極右のメランション氏の決選投票が行われた。有権者は極端な政治的主張を嫌い，マクロン氏が得票率80％で圧勝した。

4　2022年9月のイタリア総選挙では，中道左派の「イタリアの同胞」が上下両院で過半数を獲得した。首相には欧州中央銀行前総裁のドラギ氏が就任し，経済重視の実務型の内閣が誕生した。

5　2022年9月，イギリスでは支持率の低下や閣僚の離反を受けてジョンソン首相が退任した。後継のトラス首相も大型減税提案の失敗により2か月ももたずに辞任し，10月にインド系のスナク氏が新首相に就任した。

No. 7　近年の国際紛争に関する次の記述のうち，妥当なのはどれか。

1　2001年の「同時多発テロ」以降，アメリカはアフガニスタンで軍事作戦を続けてきたが，バイデン政権と反政府組織「タリバン」との長期にわたる交渉が実り，両者は2021年に和平交渉で合意し，米軍は撤退した。

2　米軍撤退が進められるなか，アフガニスタンではイスラム原理主義組織「タリバン」が武力で支配地域の拡大を続け，2021年9月には全土を制圧したとして新政権の樹立を宣言した。

3　イエメンでは，イスラム教スンニ派の武装組織「フーシ」が北西地域を支配しており，イランが支援するシーア派の暫定政府と武力衝突を繰り返している。

4　2022年2月，ロシアはウクライナに軍事侵略したが，これについて国連では，ロシアが拒否権を持つ安全保障理事会に代わって，総会が加盟国に対しロシアへの経済制裁を呼びかける決議を採択した。

5　2022年9月，ウクライナの東南部にある4州が住民投票によってロシア連邦加盟を宣言した。これについて国連では安全保障理事会に住民投票の無効とロシアの即時撤退を求める非難決議が提出されたものの，ロシアの反対で討論も議決も行われなかった。

 正答と解説

No. 6 ▷正答　5

1　「キリスト教民主・社会同盟」は第２党に転落し，代わって「社会民主党」が第１党となった。連立協議の後，2021年12月，「社会民主党」は「緑の党」と「自由民主党」とで３党連立政権を打ち立てた。

2　ハンガリーのオルバン首相は反移民・反EUで知られ，中国やロシアの権威主義政治への親近感を表すことも多い。ウクライナのEU参加を積極的に後押しするような姿勢も見られない。

3　フランス大統領選挙の決選投票は上位２名で行われる。2022年選挙では，中道のマクロン氏と極右のルペン氏で争われ，マクロン氏が得票率59％で勝利した。

4　イタリアでは，実務型内閣を率いてきたドラギ首相の辞任表明を受け，2022年９月に総選挙が実施された。勝利したのは極右政党「イタリアの同胞」を中心とした右派連合で，同党のメローニ党首が首相に就任した（イタリア初の女性首相）。

5　**正解！**　アジア系の保守党党首もイギリス首相ももちろん史上初。また，42歳の若さでの首相就任は過去200年間で最年少となる。

No. 7 ▷正答　2

1　タリバンと和平交渉で合意し，米軍の撤退を約束したのは，トランプ政権である。2020年のこの合意に基づき，2021年に米軍は撤退した。

2　**正解！**　2021年８月に米軍は撤退し，翌月にはタリバンが全土を掌握して，政権樹立を宣言した。

3　「フーシ」はスンニ派ではなくシーア派で，同じくシーア派のイランの支援を受けている。一方，暫定政府はスンニ派で，サウジアラビアなどが支援している。内戦は７年以上にわたって続いている。

4　総会が採択したのは，ロシアの即時撤退を求める非難決議で，経済制裁などは盛り込まれていない（制裁は安全保障理事会で決議される）。ちなみに，日米欧の主要国などは自国の判断でロシアに対する経済制裁を実施している。

5　国連安保理ではこの非難決議の採決が行われ，15か国のうち10か国が賛成したが，ロシアの拒否権行使で否決された。なお，国連総会でも併合を違法で無効とする決議案が出され，こちらは賛成多数で採択された。

第3章 日本経済

● 過去問研究

まずはやっぱり「成長率」

　日本経済の動向を示す経済指標についての問題は，専門試験で経済事情のある国家総合職・国家一般職［大卒］を中心に数多く出されてきた。また，国家公務員試験では，基礎能力試験でも出題されたことがある。

　経済指標のうち，**出題が多いのは日本経済の全体動向を示す「経済成長率」**。経済成長率に関係する「個人消費」や「設備投資」といった内需の動きも頻出事項だ。

雇用や物価にも注目

　労働関係では，**「有効求人倍率」や「完全失業率」に注意が必要**。「賃金」や「就業者（雇用者）数」も出ることがある。

　物価統計も忘れてはならない。「消費者物価」はデフレからの脱却という政策課題にかかわる重要な統計だ。

　このほか，貿易関連では「経常収支（貿易収支などを含む）」，企業活動では「企業収益」や「生産」に注意しておこう。

経済統計には効率的な対策を

　経済指標については『経済財政白書』の分析をベースに問われるのが一般的。どの指標がどう出題されるのかは白書の記述によるところが大きい。出題では，細かな数値が問われることもある。完全にフォローすることは至難の業だ。

　というより，そんなことに時間を割くのは効率が悪すぎる。問題を解くときには，上記の経済統計についての選択肢の正誤判断をきちんとして，まず選択肢を絞り込むことが大切だ。知らない統計数値が出ていても焦らず，経済動向などを考えながら，内容に矛盾がないかを判断しよう。

経済財政白書は読むべき？

　日本経済についての出題は，当然のことながら『経済財政白書』がネタ元となっていることが多い。試験対策としては白書を熟読するのが理想だ。

　だが，時間的制約もあるし，内容もかなり専門的。まずは本書の姉妹編である『速攻の時事』を読んで要点を押さえ，それから白書に取り組むのが得策だろう。

日本の景気動向

ここに
注目 日本経済についてまず学ぶべきは景気に関する基本用語。戦後の主な景気拡張期間も把握しておこう！

● 景気基本用語

□**景気**‥‥経済全体の活動状況を表す言葉。「景気の波」というように，景気はよくなったり悪くなったりする。景気の動きは，多くの統計を駆使して判断されている。

□**景気の山と谷**‥‥景気の波が反転するところ。上向きだった景気が下降に転じるところが「景気の山」，悪かった景気が上昇に転じるところが「景気の谷」。「谷」に来ることを「底入れ」したともいう。

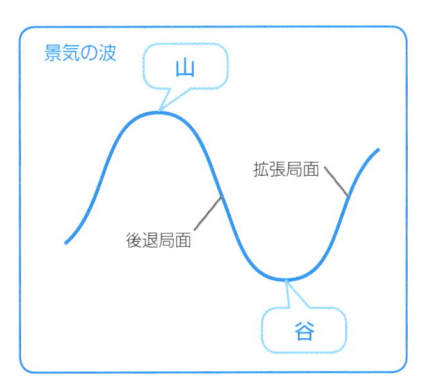

□**景気拡張と景気後退**‥‥景気の変化の方向性を表す言葉。景気が谷から山の間にある状態が「景気拡張」。反対に，景気が山から谷の間にある状態が「景気後退」。ともに「局面」をつけて使う。

● 戦後の主な景気拡張期間

名　称	長　さ	期　間
第14循環拡張期間	73か月	2002年 2 月 ～ 2008年 2 月
第16循環拡張期間	71か月	2012年12月 ～ 2018年10月
いざなぎ景気	57か月	1965年11月 ～ 1970年 7 月
バブル景気	51か月	1986年12月 ～ 1991年 2 月

＊戦後最長の景気拡張期は第14循環拡張期間。「いざなみ景気」と呼ばれることもある。

＊なお，内閣府は2020年5月を景気の谷と認定（日本経済は2018年11月から2020年5月まで景気後退局面にあった）。

基本は「経済成長率」

ここに注目 経済時事で最も重要なのは「経済成長率」。ここでは，関連用語とともに一気に整理！

□ **経済成長率**‥‥GDP（国内総生産）の伸び率。％で表され，暦年・年度ごとの動き（前年比・前年度比）や1−3月期など四半期ごとの動きが注目される。

　このうち，四半期の動きについては，前年同期比を見ることもあるが，季節的な要因による変動を取り除いた「季節調整値」の前期比（季節調整済前期比）に注目するのが一般的だ。

□ **内需と外需**‥‥**国内の需要と海外からの需要**。日本経済を成長させるには，日本でつくられるものが国内・海外を問わず売れてくれればよい。つまり，内需または外需が増えれば，日本経済は成長する。

□ **民間需要**‥‥**家計や企業からの需要**。内需には，民間需要と公的需要（政府消費や公共投資）がある。民間需要のうち，試験対策上特に重要なのは，家計からの需要である「個人消費」と企業からの需要である「設備投資」の2つだ。

□ **個人消費**‥‥**家計からの需要**で，GDP統計では「**民間最終消費支出**」。個人消費はGDPの半分以上を占め，その動きは経済成長率の変動に直結する。

□ **設備投資**‥‥**企業からの需要**で，GDP統計では「**民間企業設備投資**」。設備投資は景気に大きな弾みをつける原動力になり，景気循環をもたらす要因ともなる。

名目と実質

「名目−物価変動＝実質」

　経済統計にはよく「名目」と「実質」という言葉が出てくる。物価が違うと，金額で示される数値を比較するときに困るからだ。そのために物価上昇率（下落率）を差し引いたものを「実質」と呼ぶ。

　たとえば，「名目経済成長率」が5％であっても，物価が違うと，「実質経済成長率」は違う。物価が3％上がったときには2％だが，3％下がったときには8％となる。

　一般的には，単に経済成長率というと「実質経済成長率」のことをさす。ただし，デフレ脱却に向けて物価動向が注目される昨今は名目値も話題となるので注意が必要だ。

	2021年度	2021年（四半期）			2022年（四半期）		
		4−6月期	7−9月期	10−12月期	1−3月期	4−6月期	7−9月期
実質GDP成長率	2.5	0.3	▲1.5	1.2	▲0.5	1.1	▲0.2

四半期は季節調整済前期比，単位は％，2022年12月末現在の公表値，▲はマイナス
（GDP統計の数値は改定されるため，2022年の『経済財政白書』の数値とは異なるので注意）

「物価統計」をマスター

ここに注目 今度は「物価」関連の統計だ。物価については，「上昇」しているのか「下落」しているのか，という動きに注意しよう！

□**消費者物価指数**‥‥消費者が購入する財やサービスの価格を総合した「物価」を表す指標。基準年からの変化を示す「指数」で表される。

　統計の対象品目すべてを含む「総合指数」や，価格変動の大きい生鮮食品を除いた「**生鮮食品を除く総合指数（コア指数）**」などを総務省統計局が発表している。

　ニュースでよく取り上げられるのは，前年同月との比較。季節によって買うものが違うので，同じ時期を比べて変化を見るのだ。試験対策としては，こうした数値の推移に注目しよう。

□**コアコア指数**‥‥生鮮食品，石油製品，その他特殊要因を除く消費者物価の総合指数。消費者物価の基調を見るために内閣府が作成し，『経済財政白書』などでの分析に用いられる。

□**企業物価指数**‥‥企業間で取引される財の価格をまとめた物価を表す指標。国内で生産した国内市場向けの財に関する「国内企業物価」などを日本銀行が発表している。

□**GDPデフレーター**‥‥国内要因の物価変動の程度を表す指標。名目GDPを実質GDPで割ったもの。

□**インフレ**‥‥物価の継続的上昇。インフレーションの略。

□**デフレ**‥‥物価の継続的下落。デフレーションの略。

□**スタグフレーション**‥‥インフレと不況が同時に生じる状況。

株価

　株価は，本来，企業利益の見通しを反映して上下する。その総体としての株式市場の動きは，企業活動に支えられた日本経済の先行きに対する評価ともいえる。株式を持っていなくても関心を持つべき統計だ。

　代表的な株価指数に「日経平均株価」や「TOPIX（トピックス）＝東証株価指数」がある。なお，東京証券取引所は，2022年4月，従来の市場1部，市場2部，マザーズ，JASDAQ（ジャスダック）の4市場をプライム，スタンダード，グロースの3市場に再編した。

	消費者物価上昇率 （総合指数）	消費者物価上昇率 （コア指数）	国内企業物価上昇率
2021年度	0.1%	0.1%	7.1%

「労働統計」をマスター

 次は「労働統計」だ。試験でよく問われるのは，完全失業率。今一度，どのようなものか確認しておこう！

□**完全失業者**‥‥職に就いておらず，就職活動をしている満15歳以上の人。職を探していても，ときどきアルバイトをして暮らしている人は「完全失業者」ではない。完全に失業していないと「完全失業者」にはならないのだ。

なお，1年以上失業している人は「長期失業者」と呼ばれる。

15歳以上人口 〈 労働力人口 〈 完全失業者 就業者

非労働力人口

□**労働力人口**‥‥就業者と完全失業者の合計。この人口が15歳以上人口に占める割合を「労働力率」という。なお，就業者は「自営業主」「家族従業者」「雇用者」に分かれる。

□**完全失業率**‥‥労働力人口に占める完全失業者の割合。試験対策上，重要な統計。

□**有効求人倍率**‥‥職を求める人に対し，企業などからの求人がどれだけあるかを倍率で示した統計。好況で求職者数に比べて求人数が多いと1倍を超えるし，不況で求人が相対的に少なければ1倍を下回る。

有効求人倍率は，ハローワークにおける統計。ハローワークの有効期間内（申し込みの翌々月まで）の数値をもとにしているので「有効」という一言がついている。

なお，ハローワークでは「新規求人倍率」（＝その月の新規の求人数と求職数の倍率）も出している。

有効求人倍率＝有効求人者数÷有効求職者数
1倍を超える……労働市場は需要超過（人手不足）
1倍を下回る……労働市場は供給超過（人余り）

	完全失業者数	完全失業率	有効求人倍率
2021年	195万人 （前年より3万人増）	2.8% （前年と同水準）	1.13倍 （前年より0.05ポイント低下）

「国際収支統計」をマスター

ここに注目　最後は「国際収支統計」。対外経済取引にかかわる統計だ。特に経常収支とその内訳に注意しておきたい！

☐ **国際収支**‥‥日本の居住者と海外の居住者の間の経済取引すべてを分類・記録した統計。この統計は「収支」なので，入ってきた分と出ていった分の差し引きを赤字か黒字かで表すのが基本だ。国際収支の主要項目は「経常収支」「金融収支」「資本移転等収支」の3つ。試験対策上，重要なのは「経常収支」。その実績をまとめたのが一番下の表だ。

☐ **経常収支**‥‥「貿易・サービス収支」「第一次所得収支」「第二次所得収支」の合計。「貿易・サービス収支」は，財の輸出入に関する「貿易収支」とサービスの取引に関する「サービス収支」に分けてコメントされることも多い。「サービス収支」には旅行や輸送などが含まれる。

　「第一次所得収支」は，海外からの利子・配当金といった投資収益に関する収支。「第二次所得収支」は官民の無償資金協力など，対価を伴わない資産の提供についての収支を表す。

☐ **金融収支**‥‥**金融資産にかかわる国際間の取引の収支。**中心となるのは，「直接投資」や「証券投資」などの投資収支で，ほかに「外貨準備増減」などがある。

☐ **直接投資**‥‥**投資先企業の経営を目的とした国際的な投資。**しばしば「直投」と略される。海外から日本への投資は「対内直接投資」，日本から海外への投資は「対外直接投資」と呼ばれる。

貿易統計

　国際収支とは別に「貿易統計」も対外経済取引では重要な統計。品目ごとと相手国ごとに，輸出と輸入の金額や数量を調べている。

　この統計があると，「アメリカ向け輸送用機器の輸出増加が輸出額の増加に大きく寄与した」といった分析が可能になる。

2021年の経常収支

経常収支	21兆5910億円	（前年は　15兆7699億円）
貿易収支	1兆6701億円	（前年は　　2兆7779億円）
サービス収支	▲4兆2316億円	（前年は　▲3兆6552億円）
第一次所得収支	26兆5814億円	（前年は　19兆2170億円）

（▲は赤字）

 日本経済の基礎問題

No. 1 日本経済に関する次の記述のうち，妥当なのはどれか。

1　2020年度の実質GDP成長率は，経済対策等によって支えられ，わずか
にプラスとなった。

2　2021年度の実質GDP成長率は，コロナ感染の再拡大の影響により，マ
イナスとなった。

3　2022年1－3月期の実質GDP（季節調整値）は，コロナ感染前の2019
年10－12月期の水準をおおむね回復した。

4　コロナ感染拡大後の日本経済の回復は，個人消費や設備投資などの内需
に先導されたものであり，輸出の回復は遅れた。

5　内閣府は2020年5月を景気の山と認定した。

No. 2 日本の労働に関する次の記述のうち，妥当なのはどれか。

1　2021年平均の完全失業率は4％台に上昇した。

2　2021年平均の完全失業者は300万人を上回った。

3　2021年平均の有効求人倍率は1倍を下回った。

4　2021年における正規雇用者，自営業者，自発的な非正規雇用者の合計は，
生産年齢人口の男性では約8割，女性では約7割にのぼる。

5　2021年における不本意非正規雇用者，失業者，就業を希望している無業
者の合計は，生産年齢人口の男性では約2割，女性では約3割である。

No. 3 日本の物価に関する次の記述のうち，妥当なのはどれか。

1　輸入物価は，原油をはじめとする原材料価格の上昇を受け，2021年初か
ら前年同月比プラスとなったが，2021年秋から2022年5月にかけては為替
要因が押下げに寄与するようになり，前年同月比ゼロ近傍で推移した。

2　国内企業物価は，非鉄金属や化学製品などの価格低下により，2021年3
月から2022年5月にかけて前年同月比マイナスを続けた。

3　消費者物価（総合指数）は，エネルギー価格などの上昇により，2021年
9月から2022年5月にかけて前年同月比プラスで推移した。

4　消費者物価（総合指数）上昇率は，2022年5月時点においては前年同月
比で1％台後半となった。

5　2022年5月時点における国内企業物価と消費者物価の上昇率を過去の石
油価格上昇局面と比較すると，第1次石油危機時（1974年）を下回ったが，
第2次石油危機時（1981年）を上回った。

問題演習 正答と解説

No. 1　▷正答　3

1　2020年度の実質GDP成長率は大幅なマイナスだった。

2　2021年度の実質GDP成長率はプラスだった。

3　**正解！**　2022年1－3月期の実質GDPは，2019年10－12月期の水準を若干下回るまでに回復した。

4　日本経済の回復は輸出に先導されたものであり，個人消費や設備投資などの内需の回復は遅れた。

5　内閣府は2020年5月を景気の谷と認定した。

No. 2　▷正答　4

1　2021年平均の完全失業率は2.8％で，前年と同水準だった。

2　2021年平均の完全失業者数は195万人だった。

3　2021年平均の有効求人倍率は1.13倍だった。

4　**正解！**　ちなみに，自発的な非正規雇用者を除く正規雇用者と自営業者の合計は，生産年齢人口の男性では約7割，女性では約4割である。

5　2021年における不本意非正規雇用者，失業者，就業を希望している無業者の合計は，男女それぞれ人口の1割弱程度である。

No. 3　▷正答　3

1　輸入物価は，2021年初から2022年5月にかけて前年同月比プラスを続けた。2021年秋からは円安も輸入物価を押し上げる要因に加わった。

2　国内企業物価は，石油・石炭製品，非鉄金属，化学製品などの価格上昇により，2021年3月〜2022年5月には前年同月比プラスを続けた。

3　**正解！**　エネルギー価格は2021年4月以降，プラス寄与となった。2021年秋以降は食料価格の上昇も押上げ要因に加わった。

4　消費者物価上昇率は，2022年4月以降2％を超え，5月時点においては2.5％になった。

5　2022年5月時点における国内企業物価と消費者物価の上昇率は，第1次石油危機時と第2次石油危機時を下回った。

（以上，2022年5月までの記述となっているのは，2022年の『経済財政白書』に基づく）

 # 日本経済の予想問題1

No. 4　日本のGDPに関する次の記述のうち，妥当なのはどれか。

1　実質GDP（季節調整値）がコロナ感染拡大前の2019年10−12月期の水準を上回るようになった時期を主要国と比べると，日本は中国より遅かったものの，アメリカよりは早かった。

2　2021年度における四半期別の実質GDP成長率（季節調整済前期比）は，コロナ感染の影響により4−6月期と7−9月期にはマイナスとなったが，10−12月期にプラスに転じ，2022年1−3月期にもプラスを続けた。

3　民間最終消費支出（季節調整値）は，緊急事態宣言が全国的に解除されたことから2021年10−12月期には前期より増加したものの，その水準は2019年10−12月期の8割程度にとどまった。

4　輸出（季節調整値）は，2021年7−9月期に部品の供給不足に伴う自動車の生産調整等により前期比で減少したが，2021年10−12月期と2022年1−3月期には増加し，2019年10−12月期の水準を上回って推移した。

5　輸入価格の上昇が国内の投資財等の物価に徐々に波及し，国内需要デフレーターの前年比がプラスに転じたことから，2021年のGDPデフレーターの前年比はプラスとなった。

No. 5　日本経済に関する次の記述のうち，妥当なのはどれか。

1　2021年後半における前年同期からの生産増加率は，半導体の供給制約を受けた「輸送機械」「電気・情報通信機械」「生産用機械」といった業種で大きく低下した。

2　経済全体の需給状況を示すGDPギャップは，2020年に大幅なマイナスとなった後，2021年にはマイナス幅が急速に縮小してプラスに転じ，物価を押し上げる要因となった。

3　日本の貯蓄・投資バランスを見ると，2018年以降，高齢化の進展等による貯蓄率（総貯蓄額の対名目GDP比）の緩やかな低下で貯蓄超過幅が急速に縮小し，2020年には投資超過に転じた。

4　現金給与総額の前年同月比は，2020年春以降，コロナの感染拡大を受けてマイナス幅を徐々に拡大させてきたが，2021年10月から2022年4月にかけてはマイナス幅を縮小させた。

5　パートタイム労働者の現金給与総額のうち，ボーナスなどの特別給与の前年同月比を見ると，2020年4月から2022年4月にかけてプラス傾向で推移した。

No. 4 ▷正答 4

1 日本の実質GDPが2019年10−12月期の水準を上回るようになったのは2021年10−12月期だった（2022年末時点の「国民経済計算（GDP統計）」による）。一方，中国は2020年4−6月期，アメリカは2021年4−6月期に上回った。日本はどちらの国よりも遅かった。

2 2021年度の実質GDP成長率は，4−6月期にプラス，7−9月期にマイナス，10−12月期にプラス，2022年1−3月期にマイナスとなり，一進一退の動きとなった。

3 2021年10−12月期の民間最終消費支出の水準は，2019年10−12月期の99.5％となり，ほぼ同水準となった（2022年末時点の「国民経済計算（GDP統計）」による）。

4 **正解！** 中国経済の回復を追い風にして，輸出は早期に持ち直し，日本経済の回復を先導した。

5 国内需要デフレーターの前年比はプラスに転じたが，輸入デフレーターの上昇による押下げ幅が国内需要デフレーターによる押上げ幅を上回り，2021年のGDPデフレーターは前年比マイナスとなった。

No. 5 ▷正答 5

1 2021年後半における前年同期からの生産増加率が低下したのは「輸送機械」のみだった。「電気・情報通信機械」の生産も2021年半ばに減少したが，2021年後半の生産増加率はわずかながらプラスだった。また，「生産用機械」では，製造業者が抱える部品等の在庫水準が高く，2021年後半の生産増加率は大幅に上昇した。

2 2021年のGDPギャップは，マイナス幅が縮小したが，マイナスのままであり，物価を押し下げる要因となった。

3 日本の貯蓄・投資バランスは，2020年においても貯蓄超過を続けた。

4 現金給与総額の前年同月比は，2020年春に大きくマイナスとなった後，2020年年末を除いてマイナス幅を徐々に縮小させ，2021年春以降プラス圏内で推移し，2021年10月から2022年4月にかけては伸び率を緩やかに高めた。

5 **正解！** 2020年4月の同一労働同一賃金の導入によるパートタイム労働者の処遇改善が進んだ。

 **日本経済の予想問題２**

No.6　日本の家計部門に関する次の記述のうち，妥当なのはどれか。

1　２人以上世帯の消費支出について，2016 ～ 2018年平均と比べた2020年・2021年の累積変化率（消費変化率の合計）を世帯主の年齢別に見ると，「40歳未満」「40 ～ 59歳」「60歳以上」と年齢が上がるほど落ち込みが小さくなっている（総務省「家計調査」）。

2　２人以上世帯の消費支出について，2016 ～ 2018年平均と比べた2020年・2021年の累積変化率（消費変化率の合計）に対する品目別寄与を見ると，外食，交通，宿泊・旅行などの対面型のサービス消費が押し上げている一方，飲食料品等の非耐久財が全体を下押ししている（総務省「家計調査」）。

3　単身世帯の品目別消費支出について，2016 ～ 2018年平均と比べた2020年・2021年の累積変化率（消費変化率の合計）を年齢別に見ると，「35歳未満」ではほとんど変化が見られなかった一方，「35 ～ 59歳」と「60歳以上」では10％以上落ち込んだ（総務省「家計調査」）。

4　2021年の東京圏における持家着工戸数は，郊外地域（埼玉県，神奈川県，千葉県，都下）に比べ，都区部のほうが大きく増加した。

5　家計部門の貯蓄超過幅の対名目GDP比は，2010年頃から縮小傾向となり，2013年と2014年にはほぼゼロとなったが，その後は上昇傾向に転じ，2020年には急上昇した。

No.7　国際収支に関する次の記述のうち，妥当なのはどれか。

1　経常収支の黒字幅は，貿易収支の動きに連動して変動するようになり，2011 ～ 2014年に急速に拡大した後，2017年にかけて縮小し，2018 ～ 2020年には緩やかに拡大した。

2　品目別の貿易収支を見ると，自動車や一般機械の黒字幅が安定して推移する一方，2008年のリーマンショック以降，輸出競争力の低下に伴い，電気機器や鉄鋼等の原料別製品の収支は赤字に転じた（財務省「貿易統計」）。

3　第一次所得収支の黒字幅は徐々に拡大し，2000年代半ば以降，経常収支黒字の主因となっている。

4　サービス収支は，インバウンドの大幅な増加を受けて「旅行収支」の黒字幅が急増し，2018年以降は黒字となったが，コロナの影響でインバウンドが激減し，2020年と2021年には再び赤字を計上した。

5　サービス収支の「その他サービス収支」の内訳では，2000年代前半以降，「知的財産権等使用料」の赤字幅が拡大する一方，「通信・コンピューター・情報」「専門・経営コンサルティングサービス」等の黒字幅が拡大している。

No. 6 ▷正答 5

1 2人以上世帯の消費支出については，年齢が上がるほど<u>落ち込みが大きくなった</u>。

2 <u>「飲食料品等の非耐久財」と「外食，宿泊・旅行，交通などの対面型のサービス消費」</u>が逆である。なお，「外食，宿泊・旅行」では，年齢層が上がるほど押下げ寄与が大きかった。「交通」については，いずれの年齢層でも同程度の落ち込みとなった。

3 「35歳未満」の若年層の単身世帯の消費支出についても，<u>10％以上落ち込んだ</u>。

4 2021年の持家着工戸数は，都区部に比べ，<u>郊外地域のほうが大きく増加した</u>。なお，貸家着工戸数は，郊外地域より都区部のほうが増加した。

5 **正解！** コロナの感染拡大が始まった2020年には，緊急事態宣言の発出等により家計消費が大幅に減少したうえ，特別定額給付金など家計に現金が給付されたことにより，貯蓄超過幅は拡大した。

No. 7 ▷正答 3

1 経常収支の黒字幅は，2011〜2014年に急速に<u>縮小</u>した後，2017年にかけて拡大し，2018〜2020年には緩やかに<u>縮小</u>した。

2 電気機器や鉄鋼等の原料別製品の収支については，黒字幅が縮小しているが，<u>赤字に転じてはいない</u>。

3 **正解！** 債権利子や株式配当金を計上する「証券投資収支」や，海外子会社からの配当金等を計上する「直接投資収支」の黒字幅拡大による。

4 旅行収支の黒字幅は拡大したが，「その他サービス収支」の赤字幅が拡大したため，サービス収支は<u>2018年と2019年においても赤字を計上した</u>。

5 黒字幅が拡大したのは「知的財産権等使用料」であり，<u>「通信・コンピューター・情報」「専門・経営コンサルティングサービス」等については赤字幅が拡大した</u>。

第4章 経済政策

●過去問研究

まずは日銀の金融政策に注目

経済政策についての時事問題の**大半を占めるのは「金融政策」**。日本銀行の行う景気安定化策だ。出題が多いのは国家総合職や国家一般職［大卒］の専門試験の経済事情。だが，基礎能力試験でも，専門試験と変わりないレベルの問題が出されたことがある。

令和4年度には国家総合職の専門試験で選択肢の1つに金融政策が登場。国家一般職［大卒］の専門試験では金融政策の変遷を問う出題があった。なお，国家一般職［大卒］では，元年度や2年度の試験でも，金融政策が選択肢に取り上げられた。このほか，元年度，2年度の国税・財務専門官の専門試験，平成30年度の国家専門職［大卒］の基礎能力試験などでも取り上げられている。出題を前提に，きちんとフォローしておくのが得策だ。

総合的な経済対策に注意

政府が行う経済政策で注目すべきは，**総合的な経済対策**。金融政策に比べると出題頻度は低いものの，平成30年度の国家総合職の基礎能力試験や東京都［I類B］の試験で，当時の経済対策が取り上げられた例がある。

岸田内閣も総合的な経済対策を策定。補正予算も組み，さまざまな施策を行ってきた。このほか，岸田内閣は「新しい資本主義」を提唱し，「経済安全保障」などを重視。時事対策上，無視は禁物だ。

通商政策では「EPA」に注目

通商政策の定番テーマは「EPA（経済連携協定）」。日本経済の問題ではもちろん，国際政治や世界経済などの問題でもよく登場してきた。

EPAについては，日英EPAやRCEPの発効など話題が豊富。注意しておきたい。

観光は有望株！

経済政策で，注目されるテーマの1つは観光。政府は観光を地方創生の切り札，成長戦略の柱と位置づけ観光先進国を目指すとしている。

残念ながら，コロナのせいで訪日外国人旅行者数は激減。地域経済も打撃を受けた。とはいえ，依然として観光政策は有望株。特に地方公務員受験者は，面接・論述試験まで意識しながら，しっかり地元ネタを研究しておくとよい。

「新しい資本主義」の姿

 岸田首相が提唱する「新しい資本主義」。図式化してポイントと主な政策をまとめておこう！

CHAPTER **4** 経済政策

新しい資本主義

官民が協力して「成長も，分配も」実現

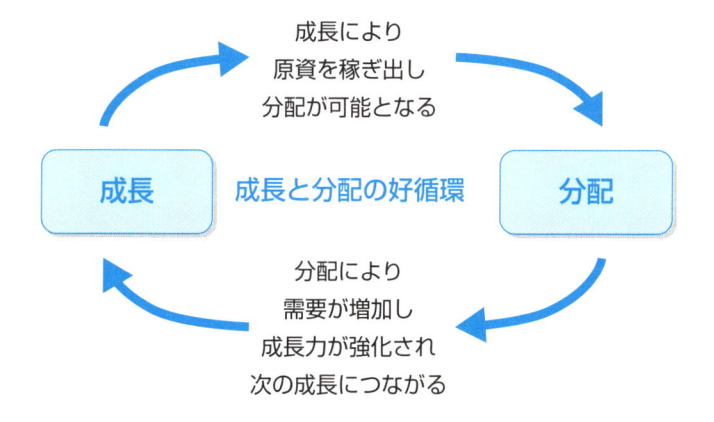

成長により
原資を稼ぎ出し
分配が可能となる

成長　成長と分配の好循環　**分配**

分配により
需要が増加し
成長力が強化され
次の成長につながる

主な政策

成長戦略
・科学技術・イノベーション
・「デジタル田園都市国家構想」，DX
・カーボンニュートラルの実現，GX
・経済安全保障

分配戦略
・賃金引き上げ
・「人への投資」の抜本強化
・未来を担う次世代の「中間層の維持」
　（全世代型社会保障，資産所得倍増等）

全ての人が生きがいを感じられる社会の実現
・男女共同参画，女性の活躍　　　・孤独孤立対策　　　　　・消費者保護
・少子化対策，こども政策　　　　・就職氷河期世代支援

経済政策関連用語

 **ここに注目** 政府が行う経済政策は多岐にわたる。試験対策上，押さえておきたい用語をまとめておこう！

☐ **人への投資**‥‥政府は，労働者の能力開発を支援し，労働移動を円滑化するための「施策パッケージ」を実施。2022年10月の総合経済対策（下記）で「**2022年からの5年間で1兆円規模**」に拡充した。

☐ **経済安全保障推進法**‥‥2022年5月成立。①重要物資の安定供給の確保，②基幹インフラの安定提供の確保，③重要先端技術の開発支援，④特許出願の非公開制度の4つが柱。

☐ **PFI**‥‥民間の資金やノウハウを活用して公共施設等の整備や運営等を行うこと。官民が連携して公共サービスの提供を行うPPPの代表的な手法。

☐ **PPP／PFI 推進アクションプラン**‥‥2022年6月改定。**2022年度から10年間の事業規模目標を30兆円に設定**。多様なPPP／PFIを展開するとした。

☐ **コロナ克服・新時代開拓のための経済対策**‥‥2021年11月策定。柱は，①新型コロナウイルス感染症の拡大防止，②「ウィズコロナ」下での社会経済活動の再開と次なる危機への備え，③ 未来を切り拓く「新しい資本主義」の起動，④ 防災・減災，国土強靭化の推進など安全安心の確保。

☐ **原油価格・物価高騰等総合緊急対策**‥‥2022年4月策定。①原油価格高騰対策，②エネルギー，原材料，食料等の安定供給対策，③新たな価格体系への適応の円滑化に向けた中小企業対策等，④コロナ禍において物価高騰等に直面する生活困窮者等への支援，⑤今後への備え，⑥公共事業の前倒し，などを盛り込んだ。

☐ **物価高克服・経済再生実現のための総合経済対策**‥‥2022年10月策定。柱は，①物価高騰・賃上げへの取組み，②円安を活かした地域の「稼ぐ力」の回復・強化，③「新しい資本主義」の加速，④防災・減災，国土強靭化の推進，外交・安全保障環境の変化への対応など，国民の安全・安心の確保，⑤今後への備え。

☐ **就職氷河期世代への支援**‥‥政府は「**就職氷河期世代支援プログラム**」に基づき，2020 ～ 2022年度に集中的に支援。さらに**2023 ～ 2024年度を「第二ステージ」**と位置づけ，支援を続ける。支援対象は，不本意ながら非正規雇用で働く人，長期無業者，ひきこもりの人など，全部で100万人程度。目標は正規雇用者の30万人増加。就職氷河期世代を対象とする国家公務員中途採用者選考試験を実施するなど，公務員での採用も推進している。

農政を考える

 **ここに注目** 政府が目指すのは，農林水産業を成長産業にすること。基本政策と新政策を併せて整理しておこう！

● 農業基本政策

□**食料・農業・農村基本法**‥‥日本の農業政策の基本法。①食料の安定供給の確保，②多面的機能の十分な発揮，③農業の持続的発展，④農村の振興の4つが基本理念。

□**食料・農業・農村基本計画**‥‥日本の農業政策の基本指針。2020年に策定された新基本計画は，「産業政策」と「地域政策」を車の両輪として進めるとした。

農業の多面的機能

農業は，食料供給という本来の機能以外にも，さまざまな機能を持っている。たとえば，生産活動を通じた国土の保全，水源のかん養，生物多様性の保全，良好な景観の形成，文化の伝承などだ。

この多面的機能については，積極的に評価する国（日本やEUなど）とそうでない国（アメリカなど）とがあり，国際交渉などの場でしばしば議論の争点となる。

● 農林水産政策関連用語

□**農林水産物・食品の輸出**‥‥政府は，農林水産物・食品の輸出額を2025年までに2兆円，2030年までに5兆円とする目標を設定。ちなみに，2021年の輸出額は1兆2382億円（前年比25.6％増）。初めて1兆円を突破し，9年連続で過去最高を更新した。

□**農林水産物・食品輸出促進法**‥‥2022年の改正法は，「品目団体」を国が認定する制度を創設。品目ごとに，輸出先国・地域のニーズ調査やブランディング等をオールジャパンで行い，輸出を促進する体制を整備した。

□**みどりの食料システム戦略**‥‥環境と調和のとれた食料システムを確立するための戦略。2021年策定。2050年までに目指す14の数値目標を掲げている。

□**食料自給率**‥‥国内に供給される食料のうちの国内生産の割合を表す指標。なお，食料自給率では輸入飼料を使って国内で生産した畜産物を国産分にカウントしない。カウントする場合は「**食料国産率**」と呼ぶ。

食料自給率の目標

	2021年度（実績）		2030年度
カロリーベース	38%	→	45%
生産額ベース	63%	→	75%

金融政策を考える

 **ここに注目** 日銀は大規模な金融緩和を実施。2013年以降の金融政策の運営方針の変遷をまとめておこう！

2013年1月 「物価安定の目標」導入 ← インフレターゲット！
目標＝消費者物価指数の前年比上昇率2％

2013年4月 「量的・質的金融緩和」← 操作目標はマネタリーベース
マネタリーベース：年間「約60〜70兆円」増加

長期国債買入れ：年間「約50兆円」増加，平均残存期間「7年程度」

2016年1月 「マイナス金利付き量的・質的金融緩和」
マネタリーベース：年間「約80兆円」増加（2014年10月〜）

金利：日銀当座預金の一部に▲0.1％のマイナス金利

長期国債買入れ：年間「約80兆円」増加，平均残存期間「7〜12年程度」

2016年9月 「長短金利操作付き量的・質的金融緩和」 ← 操作目標は長短金利
長短金利操作（イールドカーブ・コントロール）

短期金利：日銀当座預金の一部に▲0.1％のマイナス金利

長期金利：10年物国債金利が0％程度で推移するよう誘導

長期国債買入れ：年間「約80兆円」をめどに増加，平均残存期間の定め廃止

2018年7月 「強力な金融緩和継続のための枠組み強化」
長短金利操作（イールドカーブ・コントロール）

短期金利：日銀当座預金の一部に▲0.1％のマイナス金利（適用分減少）

長期金利：10年物国債金利が0％程度で推移するよう誘導

金利水準の一定程度の変動を容認

長期国債買入れ：年間「約80兆円」をめどに増加，弾力的な買入れ

2020年4月 「金融緩和の強化」
長短金利操作（イールドカーブ・コントロール）

短期金利と長期金利についての方針は変更なし

長期国債買入れ：上限を設けず必要な金額を買入れ

2022年12月，長期金利について許容する変動幅を従来の±0.25％から±0.5％へと拡大。

＊日銀は，長期国債以外の資産（ETF・J-REIT，CP・社債等）も買入れ。「資産買入れ方針」を定め，買入れ額を順次増額してきた。

金融関係用語

ここに注目 金融関係の用語はなじみのないものが多く，難しく感じるかもしれない。話題の言葉も含めて金融関係用語をチェック！

□ **NISA（ニーサ）**‥‥**少額投資非課税制度**。金融機関でNISA口座を開設して株や株式投資信託等を購入すると配当や売買益が非課税となる。下記の「資産所得倍増プラン」に基づき，2024年以降抜本的に改正。

新しいNISA

	つみたて投資枠	併用可	成長投資枠
年間投資枠	120万円		240万円
非課税保有期間	無期限化		無期限化
非課税保有限度額	1800万円		
			うち，1200万円
口座開設期間	恒久化		恒久化
投資対象商品	一定の投資信託		株・投資信託等
利用者	18歳以上		18歳以上

□ **iDeCo（イデコ）**‥‥**個人型確定拠出年金**。個人で加入し，一定の掛け金を拠出して加入者本人が運用し，その運用結果に応じて年金を受け取る制度。

□ **資産所得倍増プラン**‥‥2022年11月決定。家計の金融資産を貯蓄から投資にシフトさせ，金融資産所得を拡大させるためのプラン。

同プランには，①NISAの**抜本的拡充・恒久化**（非課税期間の無期限化や投資上限額の引上げ等），②**iDeCoの拡充**（加入可能年齢を70歳まで引き上げ等），③「金融経済教育推進機構（仮称）」の設立，④中立的なアドバイザーの認定制度の創設などが盛り込まれた。

同プランの目標は，5年間でNISA総口座数を1700万から3400万へ倍増させ，NISA買付額を28兆円から56兆円に倍増させること。その後，家計の投資額（株式・投資信託・債券等の合計残高）の倍増を目指すとしている。

□ **暗号資産**‥‥**仮想通貨**。インターネット上で自由にやり取りされ，通貨のような機能を持つ電子データ。たとえばビットコインやイーサリアムなど。

日本では，利用者保護やマネー・ローンダリング対策の観点から，暗号資産交換業者には登録制が導入されている。なお2021年9月，中国人民銀行は暗号資産に関連する取引やサービスを全面的に禁止すると発表した。

暗記お助け

通商政策を考える

ここに注目 EPA／FTAは通商政策の要。EPA／FTAをはじめ，日本の通商政策を考えるうえで必要な用語を確認しておこう！

● EPA／FTAとは？

□**FTA（自由貿易協定）**····特定の国・地域の間で，相互に物品の関税を撤廃したり，サービスへの外資規制を取り除いたりして，貿易の拡大を図る協定。

□**EPA（経済連携協定）**····FTAに加え，投資，競争，人の移動の円滑化や経済諸制度の調和など，経済全般の連携強化を目指す総合的な協定。

EPA（経済連携協定）

FTA（自由貿易協定）
☆関税の削減・撤廃
☆サービス貿易への障壁撤廃

☆人的交流の拡大
☆投資規制撤廃・投資ルール整備
☆知的財産制度や競争政策の調和
☆各分野での協力

● 日本のEPA

□**締結状況**····2022年12月末現在，日本が署名・発効したEPA／FTAは21。2022年1月にはRCEPが発効。

□**TPP（環太平洋パートナーシップ）協定**····アジア太平洋地域の国々による包括的な広域経済連携協定。モノの関税の削減・撤廃だけでなく，サービスや投資の自由化も進め，さらに知的財産，電子商取引，環境など，幅広い分野で新たなルールを定める内容となっている。

2016年2月に署名。だが，2017年1月にアメリカのトランプ大統領が離脱を表明し，発効できなくなった。

□**CPTPP（包括的・先進的TPP協定）**····アメリカを除くTPP参加11か国（TPP11）による新協定。TPPの規定を基本的に維持しつつ,条文の一部を「凍結」（アメリカが参加するまで停止）した。2018年12月に発効。

TPP11＝シンガポール，ニュージーランド，チリ，ブルネイ，オーストラリア，ペルー，ベトナム，マレーシア，メキシコ，カナダ，日本

□**RCEP（アールセップ；地域的な包括的経済連携）**····ASEAN10か国に，日本，中国，韓国，オーストラリア，ニュージーランドの5か国を加えた**15か国による包括的な広域経済連携協定**。2022年1月に発効。

日本の発効済みEPAと発効年

アジア			
シンガポール	2002年	ASEAN全体	2008年
マレーシア	2006年	フィリピン	2008年
タイ	2007年	ベトナム	2009年
インドネシア	2008年	インド	2011年
ブルネイ	2008年	モンゴル	2016年

中南米	
メキシコ	2005年
チリ	2007年
ペルー	2012年

オセアニア	
オーストラリア	2015年

TPP11	2018年
RCEP	2022年

ヨーロッパ	
スイス	2009年
EU	2019年
イギリス	2021年

＊TPPは2016年に署名

● 日米の貿易

□**日米貿易協定**‥‥2020年1月に発効。**農産品に課す日本側の関税撤廃・削減はTPP協定の範囲内に抑制**。また，コメについては関税撤廃・削減等の対象から除外。一方，**工業品に課す米国側の関税について自動車・同部品は継続協議**（「更なる交渉による関税撤廃」），その他は貿易量が多い品目を中心に関税を撤廃・削減。

□**日米デジタル貿易協定**‥‥2020年1月に発効。**インターネットを利用した商取引等に関するルールを規定**。両国間での電子的な送信への関税賦課の禁止，データローカライゼーションの禁止，ソフトウェアのソースコードやアルゴリズムの開示要求の禁止などを定めた。

● 新たな多国間連携

□**IPEF（アイペフ；インド太平洋経済枠組み）**‥‥アメリカのバイデン大統領が提唱した新たな経済圏構想。Indo-Pacific Economic Frameworkの略称。

　2022年5月に立ち上げを発表。同年9月の閣僚会合で交渉開始を決定。交渉分野は，①貿易，②サプライチェーン，③クリーン経済，④公正な経済の4分野。TPPなどと異なり，関税の引き下げや撤廃についての交渉は行わない。

　2022年12月末時点における参加国は，アメリカ，日本，オーストラリア，ニュージーランド，韓国，インド，フィジー，ASEAN7か国（ブルネイ，インドネシア，マレーシア，フィリピン，シンガポール，タイ，ベトナム）の14か国。

　各国は，それぞれの分野ごとに参加できる。インドは「貿易」分野の交渉には参加しないことを表明。ほかの国はすべての分野に参加。

 **経済政策の予想問題 1**

No. 1 観光に関する次の記述のうち，妥当なのはどれか。

1 訪日外国人旅行者数は，コロナ禍前までは順調に増加を続け，2019年には4000万人を超えた。「2020年に4000万人」とする政府目標を1年前倒しで達成した。

2 2021年の訪日外国人旅行者数は，コロナ禍で大きく減少した2020年よりわずかに増加し，100万人を超えた。一方，2021年の出国日本人数は，2020年より減少し，50万人を下回った。

3 「全国旅行支援」（2022年10月中旬～12月下旬）では，地域差が生じることがないよう，一律に宿泊・日帰り旅行代金を1人当たり5000円割り引き，地域限定で使用できる3000円分のクーポン券を配布した。

4 政府は2022年10月中旬以降，1日当たりの入国者数の上限を撤廃したうえ，外国人観光客の入国についてパッケージツアーに限定していた措置を解除し，ビザ免除措置の適用を再開するなど，水際対策を大幅に緩和した。

5 観光庁「旅行・観光消費動向調査」によると，近隣地域内での観光（いわゆるマイクロツーリズム）の割合は，2019年から2021年にかけて関東，中部，近畿では上昇した一方，北海道，東北，北陸信越，中国，四国，九州では低下した。

No. 2 国際貿易に関する次の記述のうち，妥当なのはどれか。

1 2022年1月，ASEAN加盟10か国と日本，中国，インドの計13か国によって署名されたRCEP（地域的な包括的経済連携）が発効した。

2 アメリカを除くTPP（環太平洋パートナーシップ）参加11か国による協定（CPTPP）は，物品の貿易にかかわる関税を撤廃・削減するFTA（自由貿易協定）であり，関税以外の分野は対象としていない。

3 2021年1月，日本とイギリスはEPAを発効させた。日英EPAでは，日EU・EPAの高水準の関税撤廃率を維持しつつ，電子商取引・金融サービス等の分野で日EU・EPAよりも先進的かつハイレベルなルールを定めた。

4 アジア地域における二国間のEPAの締結状況を見ると，これまで日本はASEAN加盟国のすべてとEPA協定を発効させているが，2022年末時点においてASEAN以外のアジアの国で日本との二国間EPAが発効している国はない。

5 2022年3月末時点で発効・署名済みのEPA／FTAの相手国・地域との貿易について2021年の貿易総額に占める割合を見ると，日本では5割に満たず，中国や韓国の水準より低い。

No. 1 ▷正答 4

1 2019年の訪日外国人旅行者数は3188万人で，4000万人を超えてはいない。2020年にはコロナ禍で412万人にまで激減し，「2020年に4000万人」とする政府目標は達成できなかった。

2 2021年の訪日外国人旅行者数は，2020年より9割以上減少して25万人となった。2021年の出国日本人数も2020年より8割以上減少して51万人となった。

3 「全国旅行支援」では，宿泊・日帰り旅行代金の40％を割り引き（交通つき商品の上限額は1人1泊当たり8000円，それ以外は5000円），1人当たり平日3000円，休日1000円分のクーポン券を付与した。なお，2023年1月上旬以降も支援内容を変更して実施。

4 **正解！** 原則として帰国者・入国者に対するコロナの入国時検査も実施しない（ただし，ワクチンの接種証明〔3回〕または出国前72時間以内に受けた検査の陰性証明書の提出は必要）。

5 近隣地域内での観光（いわゆるマイクロツーリズム）の割合は，2019年から2021年にかけて国内のすべてのエリアで上昇した。

No. 2 ▷正答 3

1 RCEPに署名したのは，ASEAN加盟10か国，日本，中国，韓国，オーストラリア，ニュージーランドの計15か国である。インドは，交渉参加国だったが，2019年11月に離脱を表明し，その後は参加しなかった。

2 CPTPPは物品の関税だけでなく，サービスや投資の自由化を進め，知的財産，金融サービス，電子商取引，国有企業，労働，環境など，幅広い分野で21世紀型のルールを構築する包括的な経済連携協定である。

3 **正解！** イギリスのEU離脱に伴う移行期間が2020年12月31日に終わり，2021年1月から日EU・EPAがイギリスに適用されなくなることを踏まえ，日英EPAが締結された。

4 アジア地域では，インドやモンゴルとの二国間EPAが発効済みである。また，ASEAN加盟国のうち，カンボジア，ラオス，ミャンマーとの二国間EPAは締結されていない。ただし，これら3か国は，日ASEAN包括的経済連携協定でカバーされている。

5 日本の割合は78.8％に達した。韓国（78.8％）と同水準で，中国（42.2％）より高くなっている。

 **経済政策の予想問題2**

No.3 日本の経済政策に関する次の記述のうち，妥当なのはどれか。

1　2022年の経済安全保障推進法は，先端的な技術のうち，外部から不当に利用された場合等に国家・国民の安全を損なうおそれがあるものを「特定重要技術」とし，国の機関においてのみ研究開発を行うと定めた。

2　2022年の経済安全保障推進法は，公にすることで国家・国民の安全を損なう事態を生じるおそれの大きい発明が記載されている特許出願について，通常は出願日から1年6か月後としている公開時期を5年後に延長する制度を設けた。

3　2022年6月に改定された「PPP／PFI推進アクションプラン」は，2022年度から10年間の事業規模目標を30兆円に設定し，多様なPPP／PFIの展開に取り組むとした。

4　2022年10月に策定された「物価高克服・経済再生実現のための総合経済対策」は，物価高騰対策として，燃料油価格の激変緩和措置を廃止し，代わりに電気・ガス料金の激変緩和措置を導入するとした。

5　2022年の改正農林水産物・食品輸出促進法は，輸出先の国・地域ごとに生産から販売まで関係者が一体となって輸出促進を図る団体を組織し，国が認定する制度を創設した。

No.4 日本の金融政策に関する次の記述のうち，妥当なのはどれか。

1　日銀は2016年9月，「長短金利操作付き量的・質的金融緩和」の導入を決定し，短期金利については民間金融機関が保有する日銀当座預金のすべてに▲1％のマイナス金利を適用するとした。

2　日銀は2016年9月，「長短金利操作付き量的・質的金融緩和」の導入を決定し，長期金利については10年物国債金利が1％程度で推移するよう，長期国債の買入れを行うとした。

3　日銀は2020年4月，長期国債の買入れ額について，保有残高の増加額のめどを年間約100兆円に引き上げたうえで弾力的な買入れを実施するとした。

4　日銀は2022年4月，金融市場調節方針を実現するため，10年物国債金利について0.25％の利回りでの指値オペを，明らかに応札が見込まれない場合を除き，毎営業日実施すると表明した。

5　日銀は2022年12月，金融市場調節方針を一部変更し，長期金利操作について10年物国債金利の誘導目標水準を0.5％程度に引き上げることを決定した。

No. 3 ▷正答　3

1　経済安全保障推進法は,「特定重要技術」について, 国が民間企業に対し必要な情報提供や資金支援を行うことや, 官民協議会を設置して支援すると定めた。

2　経済安全保障推進法が定めたのは, 問題文にあるような特許出願について非公開とする制度である。このほか, 日本でこうした発明をした場合は, まず日本に特許出願しなければならないとする「第一国出願義務」(外国出願制限) も定めた。

3　**正解！**　岸田内閣は, 公共の施設・サービスに民間の資金や創意工夫を最大限活用するPPP／PFIを新しい資本主義における「新たな官民連携の柱」と位置づけている。

4　2022年10月の経済対策は, 電気・ガス料金の激変緩和措置を新たに導入するとともに, 燃料油価格激変緩和措置についても補助額を調整しつつ, 継続して実施するとした。

5　改正法が定めたのは, 牛肉やコメなど品目別に組織される「品目団体」の認定制度である。輸出先の国・地域ごとの団体ではない。

No. 4 ▷正答　4

1　短期金利については, 民間金融機関が保有する日銀当座預金の「すべて」ではなく「一部」に,「▲1％」ではなく「▲0.1％」のマイナス金利を適用するとした。

2　長期金利については, 10年物国債金利 (長期金利の代表的な指標) の誘導目標を0％程度とするとした。

3　2020年4月に決定されたのは, 長期国債買入れ額の上限撤廃である (10年物国債金利が0％程度で推移するよう, 上限を設けず必要な金額の長期国債の買入れを行うとした)。

4　**正解！**　日銀は連続指値オペの運用 (一定期間, 指値オペを連続して行う) を明確化した。2022年12月には日銀が実施する連続指値オペの利回りを0.5％に引き上げた。

5　2022年12月には, 長期金利について許容する変動幅を従来の±0.25％程度から±0.5％程度に拡大した。0％程度としてきた10年物国債金利の誘導目標水準を変更したわけではない。

第5章 財政

● 過去問研究

まずは歳出入の内訳

財政における**頻出テーマは前年度の一般会計当初予算**。よく出されてきたのは，**歳出の主要経費別内訳**だ。特に注意しなければならない歳出項目は「社会保障」。選択肢の常連だ。

国家総合職の専門試験では，令和3年度には社会保障関係費が，4年度には防衛関係費が選択肢で取り上げられた。歳出内訳についての選択肢は，過去5年間の国家一般職［大卒］や国税・財務専門官の専門試験でも，ほぼ毎年登場している。

一方，**歳入内訳**の出題も近年増えており，注意が必要だ。国家一般職［大卒］や国税・財務専門官の専門試験では，歳出と同じように過去5年間ずっと選択肢に登場し続けた。国家総合職でも平成28〜30年度にかけてと令和4年度に出題されていた。

一般会計当初予算のほかに**今年の試験で注目すべきは「補正予算」**。令和4年度には，2回にわたり補正予算が組まれた。歳出・歳入ともにチェックしておこう。

財政の国際比較にも目を配る

各種試験で出題されうるもう1つの重要テーマは**財政の国際比較**。日本と，アメリカ，イギリス，フランス，ドイツの比較が一般的だが，イタリアが入ることもある。

比較される内容で最も多いのは「財政収支」と「債務残高」。ともに対GDP比の数値が比べられる。

財政の国際比較で用いられる主要指標であり，これが出るなら素直な問題といえる。いずれにしても，近年は，どちらの指標についても，日本の水準が悪いということを押さえておこう。

意外に出ている税制改正！

税制改正については，国家・地方を問わず，多くの試験で出題実績がある。税制は年度ごとに改正されるので，時事問題にふさわしいのだ。

試験対策としては，『速攻の時事』も参考にしながら，大きな改正を中心に内容を整理しておきたい。

財政用語を覚える

 **ここに注目**　財政関係の用語には特殊ないい方をするものが多い。この際，耳慣れない言葉も一気に覚えてしまおう！

一般会計当初予算 （出題の中心は前年度の予算の内容）
「一般会計」となっているのは「特別会計」もあるから。
「当初予算」となっているのは「補正予算」や「暫定予算」があるから。

歳入
↓
財政では収入を歳入と呼ぶ

租税及び印紙収入 （いわゆる税収）
歳入総額に占める割合を税収比率という！

公債金 （国債を発行して得られる収入）
歳入総額に占める割合を公債依存度という！

重要 公債依存度は，日本が，収入（＝歳入）のうち，どれだけの割合を借金（＝公債金）でまかなっているのかを示す重要な指標！

建設国債‥‥公共事業費をまかなうために発行。財政法第4条に基づく。資産が残るだけ赤字国債よりマシ！

赤字国債(特例国債)‥‥一般会計歳出の財源不足を補うために発行。財政法では発行が認められておらず，わざわざ特例法をつくって発行されている。

&

歳出
↓
財政では支出を歳出と呼ぶ

一般歳出 （歳出から地方交付税交付金等と国債費を除いたもの）
重要 主要経費は次の4つ
社会保障関係費，文教・科学振興費
公共事業関係費，防衛関係費

地方交付税交付金‥‥自治体間の財政格差を縮小するため，国税収入（所得税, 法人税, 酒税, 消費税, 地方法人税）の一定割合を国が地方に交付する一般財源。

国債費 （国債の償還＝国の借金返済に充てられる費用）

歳出内訳をチェック

ここに注目　令和4年度一般会計当初予算の総額は，107.6兆円（前年度比0.9%増）。4年連続して100兆円を超えた。まず，歳出の内容を把握しておこう！

● 歳出の概要

□**歳出の特徴**‥‥社会保障関係費（33.7%），国債費（22.6%），地方交付税交付金等（14.8%）の3つで歳出全体の約7割（71.1%）を占めている。

□**各歳出の増減率**

令和3年度当初予算比

一般歳出‥‥‥‥‥‥‥‥＋0.7%

国債費‥‥‥‥‥‥‥‥‥＋2.4%

地方交付税交付金等‥▲0.4%

（▲はマイナス）

● 一般歳出

□**主要経費の増減率**

令和3年度当初予算比

社会保障関係費‥‥‥‥＋1.2%

公共事業関係費‥‥‥‥＋0.0%

文教・科学振興費‥‥▲0.0%

（うち，科学振興費）‥＋1.1%

防衛関係費‥‥‥‥‥‥＋1.0%

令和4年度一般会計当初予算：歳出

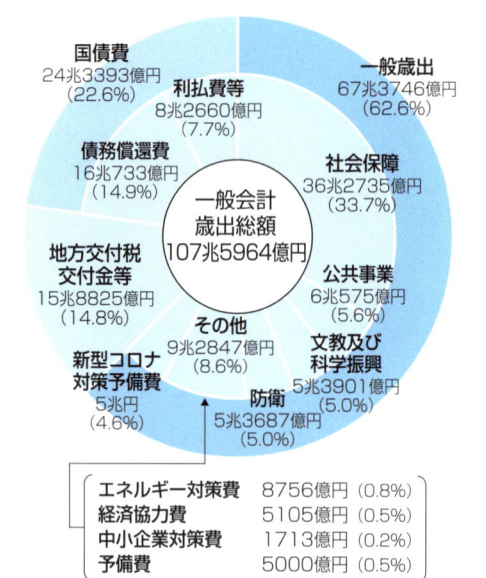

エネルギー対策費　8756億円（0.8%）
経済協力費　5105億円（0.5%）
中小企業対策費　1713億円（0.2%）
予備費　5000億円（0.5%）

 社会保障関係費と国債費

　一般会計歳出の主要経費について，赤字国債を発行しなくても予算編成ができた平成2年度（1990年度）予算と令和4年度予算を比べてみよう。増加が目立つのは「社会保障関係費」と「国債費」だ。この間，社会保障関係費は11.6兆円から36.3兆円に，国債費は14.3兆円から24.3兆円に増加した。歳出全体に占める社会保障関係費と国債費の割合も高まっている。政策の自由度が低下しているのは明らかだ。

暗記お助け

歳入内訳をチェック

ここに注目：一般会計当初予算では歳入の内訳も重要。令和4年度一般会計歳入の概要に加えて，債務残高についてもまとめて整理！

● 歳入の概要

□**歳入の特徴**‥‥全体の34％を公債金収入（将来世代の負担となる借金）に頼っている。

□**歳入の増減率**

令和3年度当初予算比

租税及び印紙収入‥‥‥‥＋13.6％

その他収入‥‥‥‥‥‥▲ 2.3％

公債金‥‥‥‥‥‥‥‥▲15.3％

● 国債発行

□**新規国債発行額**‥‥36兆9260億円

うち建設国債‥‥ 6兆2510億円

うち赤字国債‥‥30兆6750億円

□**公債依存度**‥‥‥‥‥‥‥34.3％

（税収比率は60.6％）

● 債務残高

□**公債残高**‥‥‥年々増加。**令和4年度末には約1029兆円**（建設国債は約289兆円，赤字国債は約734兆円）に達する見込み。

□**国と地方の長期債務残高**‥‥**令和4年度末には約1247兆円**に達する見込み（対GDP比225％）。

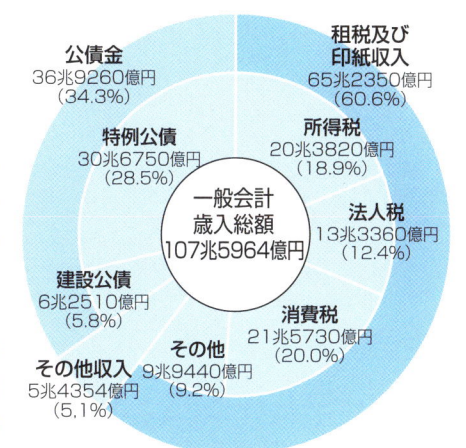

令和4年度一般会計当初予算：歳入

公債金 36兆9260億円（34.3%）

特例公債 30兆6750億円（28.5%）

建設公債 6兆2510億円（5.8%）

その他収入 5兆4354億円（5.1%）

その他 9兆9440億円（9.2%）

一般会計歳入総額 107兆5964億円

租税及び印紙収入 65兆2350億円（60.6%）

所得税 20兆3820億円（18.9%）

法人税 13兆3360億円（12.4%）

消費税 21兆5730億円（20.0%）

国債発行計画

国は新規国債のほか，借換債（満期が来た国債を借り換えるために発行される国債）なども発行。これらを合わせた4年度の国債発行予定総額（当初予算）は215兆円にのぼる（新規国債36.9兆円，借換債152.9兆円，復興債0.2兆円，財投債25兆円）。2年度補正予算で増発した2年債が償還を迎えて借換債が増加した一方，新規国債は大きく減少。3年度当初予算に比べ，21兆円減少した。

話題の財政用語

ここに注目　財政時事では，一般会計当初予算関連以外にも押さえておきたい用語がある。論述や面接のことも意識しながら，話題の財政用語を覚えよう！

□**補正予算**‥‥**予算が足りない場合や予算内容を変える必要が出てきた場合に，当初予算を補うために組まれる予算**。経済対策の策定時などに編成される。

　令和4年度は，5月に「コロナ禍における『原油価格・物価高騰等総合緊急対策』」の関係経費などを計上した第1次補正予算が成立。12月には「物価高克服・経済再生実現のための総合経済対策」の関係経費などを計上した第2次補正予算が成立した。

補正予算を加えた令和4年度一般会計予算

歳　出		歳　入	
当初	107兆5964億円	税収	68兆3590億円
1次補正	2兆7009億円	その他収入	8兆3817億円
2次補正	28兆9222億円	公債金	62兆4789億円
		当初	36兆9260億円
		1次補正	2兆7009億円
		2次補正	22兆8520億円
計	139兆2196億円	計	139兆2196億円

＊歳出については，四捨五入の関係で合計と一致しない。

□**基礎的財政収支**‥‥「税収・税外収入」から，「国債費（国債の元本返済や利子の支払い）を除く歳出」を差し引いた財政収支。その年の国民生活に必要な政策的経費を，その年の税収等でどれだけまかなえているかを示す指標。「プライマリーバランス」とも呼ばれる。

□**特別会計**‥‥**一般会計とは別に設けられている会計**。特定の事業を行う場合や特定の資金を運用する場合などに設けられる。

　令和4年度，国は13の特別会計を設置している（年金特別会計，外国為替資金特別会計，東日本大震災復興特別会計など）。13の特別会計を単純合計した歳出総額は467.3兆円，会計間の重複計上等を除いた歳出純計額は218.5兆円にものぼる。歳出純計額の内訳は，多い順に国債償還費等，社会保障給付費，財政投融資資金への繰入れ，地方交付税交付金等となっている。

□**財政投融資**‥‥**税負担によらず，国債の一種である財投債の発行などで調達した資金を財源に国が行う投融資活動**。民間では対応が難しい長期・低利の資金供給や大規模・超長期プロジェクトの実施が可能となる。

地方財政の基礎用語

 **ここに注目** 地方財政の用語も基礎から再確認しておこう。国の用語と勘違いしないように，区別をしっかりつけておくのがポイント！

□ **普通会計**‥‥地方自治体の一般会計と特別会計（公営事業会計以外）を合わせたもの。国の一般会計と対比される。

□ **地方財政計画**‥‥**全地方自治体の「普通会計」の総額の見込額**。全国の自治体の翌年度の歳入歳出総額の見込みを合算したもので，地方の財政状況を表す。内閣が毎年度策定し，国会へ提出する。

 地方財政の規模

　意外なことかもしれないが，地方財政計画の総額は，国の一般会計予算の規模に迫る大きさとなっている。日本経済にとって地方財政の果たす役割は大きい。
　令和4年度は，地方が90.6兆円，国（当初）が107.6兆円。

□ **一般財源**‥‥**地方自治体が自らの裁量で使える財源**。使い道があらかじめ決められていない財源で，「地方税」「地方譲与税」「地方交付税」などから構成されている。

□ **特定財源**‥‥**特定の事業目的のために使われる財源**。使い道が決められている財源で，「国庫支出金（国の各府省が特定事業用に出した補助金）」や「地方債」（ただし，臨時財政対策債等は一般財源）などから構成されている。

□ **令和4年度地方財政計画**‥‥規模は**90兆5918億円**（通常収支分）。前年度に比べ7858億円（0.9％）増加した。歳出では，政策的経費である地方一般歳出は75兆8761億円。前年度に比べ4718億円（0.6％）増加した。

　歳入では，**地方税が大幅に増加**（歳入全体の45.5％を占める）。一方，地方債は前年度に比べ3兆6331億円減額。赤字公債である「臨時財政対策債」も3兆6992億円減額された。一般財源総額（交付団体ベース）は，前年度を203億円上回る額（62兆135億円）を確保した。

□ **地方財政健全化法**‥‥**財政破綻に陥る前の早い段階で，地方自治体に財政の健全化を促すための法律**。すべての自治体に対し，4つの財政指標の公表を義務づけた。

　指標が一定の基準に収まっていない場合，その自治体は，財政の早期健全化を自主的に図るための「**財政健全化計画**」を策定しなければならない。さらに指標が悪い自治体には，国が関与して確実に財政の再生を図るための「**財政再生計画**」の策定が求められる。

財政の基礎問題

No. 1 令和4年度一般会計当初予算に関する次の記述のうち，妥当なのはどれか。

1 予算の規模は，前年度当初予算より増加し，90兆円台となった。

2 一般歳出は，社会保障関係費が減少したため，前年度当初予算より減少した。

3 国債費は，債務償還費の減少により，前年度当初予算より減少した。

4 社会保障関係費，国債費，地方交付税交付金等の3つを合わせると，歳出全体のおよそ7割を占めている。

5 税収見込み額は，前年度当初予算より減少し，50兆円台に落ち込んだ。

No. 2 日本の財政に関する次の記述のうち，妥当なのはどれか。

1 2022年6月の「経済財政運営と改革の基本方針2022」は，2018年の「新経済・財政再生計画」が設定した財政健全化目標を断念するとした。

2 令和4年度一般会計当初予算における消費税収は21兆円を超え，所得税収を上回ることが見込まれた。

3 令和4年度一般会計当初予算においては，新規国債発行額が前年度当初予算より増加し，公債依存度は50％を超えた。

4 令和4年度末の国と地方の長期債務残高は前年度末に比べて増加する見込みとなっているものの，依然として名目GDPを下回っている。

5 日本の国民負担率は50％を超えており，スウェーデンよりも高い。

No. 3 日本の地方財政に関する次の記述のうち，妥当なのはどれか。

1 令和4年度の地方財政計画（東日本大震災分を除く通常収支分,以下同）の歳出規模は,同年度の国の一般会計当初予算の歳出規模を上回っている。

2 令和4年度の地方財政計画の歳出では，地方一般歳出が前年度よりも減少した。

3 令和4年度地方財政計画の歳入では，地方税が約6割を占めている。

4 令和4年度地方財政計画の歳入では，財源不足を補うための赤字公債である臨時財政対策債が前年度よりも3.7兆円増額された。

5 令和4年度末の地方の長期債務残高は，国の長期債務残高の5分の1以下となる見込みである。

No. 1 ▷正答 **4**

1 予算規模は107.6兆円で，100兆円を超えている。

2 社会保障関係費は前年度に比べて増加し，一般歳出も増加した。

3 債務償還費が増加し，国債費は前年度より増加した（利払い費は減少）。

4 **正解！** 社会保障関係費が33.7％，国債費が22.6％，地方交付税交付金等が14.8％を占めている（合計71.1％）。

5 税収は前年度に比べ大きく増加し，65.2兆円と見込まれた。

No. 2 ▷正答 **2**

1 「基本方針2022」は，「財政健全化の『旗』を下ろさず，これまでの財政健全化目標に取り組む」と表明した（断念はしていない）。

2 **正解！** 消費税収は21.6兆円，所得税収は20.4兆円の見込み（法人税収は13.3兆円）。

3 新規国債発行額は前年度当初予算に比べ減少し，公債依存度は34.3％に低下した。

4 国と地方の長期債務残高は，名目GDPの2倍以上の膨大な額となることが見込まれている。

5 日本の国民負担率は40％台である。スウェーデンは56.4％（2019年）であり，日本のほうが低い。

No. 3 ▷正答 **5**

1 地方財政計画の歳出規模（90.6兆円）は，同年度の国の一般会計当初予算の歳出規模（107.6兆円）を下回っている。

2 地方一般歳出は4718億円増加した。

3 地方税の占める割合は45.5％である。

4 臨時財政対策債は前年度よりも3.7兆円減額された。

5 **正解！** 令和4年度末の長期債務残高は，地方が189兆円程度，国が1058兆円程度にのぼる見込みである。

CHAPTER **5** 財政

 **財政の予想問題１**

No. 4　令和４年度一般会計当初予算に関する次の記述のうち，妥当なのはどれか。

1　税収の増加が見込まれたため，新規国債発行額は前年度当初予算に比べ大幅に減額され20兆円台となった。これにより，一般会計歳入の７割以上が税収によってまかなわれることになった。

2　国債費は，債務償還費に加え，利子及び割引料が増加したため，前年度当初予算より増加して44.3兆円となり，一般会計歳出全体の４割程度を占めるようになった。

3　社会保障関係費は，前年度当初予算より増加して26.3兆円となり，一般会計歳出全体の４分の１程度を占めているが，地方交付税交付金等の規模は下回っている。

4　公共事業関係費は，防災・減災，国土強靱化の推進のための経費が増えたため，前年度当初予算より増加して36.1兆円となった。

5　防衛関係費は，「中期防衛力整備計画」を踏まえ，宇宙・サイバー・電磁波といった新領域における作戦能力の強化のための経費が増えたことなどから，前年度当初予算より増加し，5.4兆円となった。

No. 5　日本の国債等に関する次の記述のうち，妥当なのはどれか。

1　令和４年度一般会計当初予算における歳入では公債金収入（新規国債発行額）が５割以上を占めている。その内訳では，赤字国債（特例国債）が建設公債の２倍程度の規模となっている。

2　令和４年度一般会計予算では，12月に28.9兆円規模の第２次補正予算が成立し，その財源は建設国債のみによってまかなわれた。

3　令和４年度一般会計予算では，第２次補正後に公債金収入（新規国債発行額）が60兆円を超え，公債依存度は45％弱となった。

4　国債等（国債及び国庫短期証券）の保有構造を見ると，近年は海外投資家の保有割合が高まり，2021年末には２割を超えた。一方，国内の保有者では銀行等が全体の３割以上を占め，次いで日銀が２割程度を占めている。

5　日本の普通国債残高は増加の一途をたどっており，令和４年度末には1029兆円程度になることが見込まれている。その内訳を見ると，建設国債の残高のほうが赤字国債（特例国債）の残高を上回っている。

No. 4 ▷正答　**5**

1　税収の増加が見込まれたため，新規国債発行額は前年度当初予算に比べ大幅に減額され36.9兆円となった。また，一般会計歳入のうち，税収がカバーするのは約6割（60.6％）である。

2　利子及び割引料（利払い費）は減少したが，債務償還費が増えて，国債費は前年度より増加した。その額は24.3兆円で，一般会計歳出の約2割（22.6％）を占める。

3　社会保障関係費は前年度当初予算より増加して36.3兆円となった。一般会計歳出に占める割合は3分の1程度（33.7％）であり，地方交付税交付金等（15.9兆円）の規模を上回っている。

4　公共事業関係費は，前年度当初予算に比べ増加し，6.1兆円となった。社会保障関係費が約36兆円と知っていれば，公共事業関係費がそれと同額なのは多すぎるとわかる。

5　**正解！**　防衛関係費は10年連続して増額され，過去最大の5.4兆円となった。

No. 5 ▷正答　**3**

1　令和4年度一般会計当初予算の歳入では公債金が34.3％を占めている。その内訳では，赤字国債（30.7兆円）が建設国債（6.3兆円）の5倍近く（4.9倍）の規模となっている。

2　令和4年度第2次補正予算の財源は，建設国債に加え，税収や税外収入の増加分，前年度の剰余金，赤字国債によってまかなわれた。

3　**正解！**　新規国債発行額は62兆4789億円（当初予算36兆9260億円，第1次補正予算2兆7009億円，第2次補正予算22兆8520億円）にのぼった。公債依存度は，当初時の34.3％から第2次補正後には44.9％に上昇した。

4　2021年末では，海外投資家の保有割合は約14％となっている。国内の保有者では，日銀が43.4％を占め，次いで生損保等が18.1％，銀行等が16.0％を占めている。

5　建設国債と赤字国債が逆。令和4年度末の残高は建設国債が約289兆円，赤字国債が約734兆円となる見込みであり，赤字国債は建設国債の2.5倍となっている。

No. 6 日本の財政に関する次の記述のうち，妥当なのはどれか。

1 2020年度における社会保障給付費は50兆円程度にのぼった。部門別の内訳を見ると，「医療」が最も多く，次いで「福祉その他」「年金」の順になっている。

2 令和4年度の国債発行予定総額（当初予算）を見ると，新規国債のほか，約300兆円の借換債，約100兆円の財投債などを発行しており，これらを合わせた総額は500兆円を超えている。

3 特別会計について会計間相互の重複計上などを除外した歳出純計額は，令和4年度予算では約500兆円である。内訳では「社会保障給付」が最も多く，次いで「地方交付税等交付金等」「財政投融資資金への繰入れ」となっている。

4 国民負担率は，平成30年度（実績）から令和4年度（見通し）にかけて50％を超える水準で推移している。その内訳を見ると，一貫して社会保障負担率のほうが租税負担率を上回っている。

5 令和4年度税制改正により，継続雇用者の給与総額や教育訓練費をそれぞれ一定割合以上増加させた大企業は，雇用者全体の給与総額の増加額の最大30％を税額控除できるようになった。

No. 7 主要先進国（日本，アメリカ，イギリス，ドイツ，フランス，イタリア）の財政に関する次の記述のうち，妥当なのはどれか。

1 2007〜2021年の「財政収支赤字の対GDP比」を一般政府ベースで見ると，一貫してフランスが日本よりも悪い水準で推移している。

2 2007〜2021年の「債務残高の対GDP比」を一般政府ベースで見ると，主要先進国のなかではイタリアが日本に次いで高い水準で推移している。

3 2022年1月時点の法人実効税率を比べると，日本の税率は，ドイツと同程度の水準にあり，アメリカやイギリスの税率を下回っている。

4 2019年の国民負担率（日本は2019年度）を比べると，日本はイギリス，ドイツ，フランスより高い水準にあるものの，アメリカよりは低い水準となっている。

5 2019年の租税負担率（日本は2019年度）を比べると，日本はイギリス，フランス，ドイツの水準より高く，アメリカとほぼ並んで最も高い水準となっている。

正答と解説

No. 6 ▷正答 5

1 2020年度の社会保障給付費は132.2兆円。部門別の内訳では，多い順に「年金」「医療」「福祉その他」となっている。

2 令和4年度の国債発行（当初予算）の内訳は，新規国債36.9兆円，借換債152.9兆円，財投債25兆円，復興債0.2兆円となっており，これらを合わせた総額は215兆円である。

3 特別会計の歳出純計額は，令和4年度予算では218.5兆円。内訳では「国債償還費等」が最も多く，次いで「社会保障給付費」「財政投融資資金への繰入れ」「地方交付税交付金等」となっている。

4 国民負担率は，平成30年度から令和4年度にかけて40％台で推移している。内訳では，一貫して租税負担率のほうが社会保障負担率を上回っている。

5 **正解！** 大企業については，継続雇用者の給与総額が前年度比で3％以上増えた場合の税額控除率を15％とする。さらに継続雇用者の給与総額が前年度比で4％以上増えた場合は10％上乗せ，教育訓練費が20％以上増えた場合は5％上乗せされる（合計30％）。

No. 7 ▷正答 2

1 一般政府の財政収支赤字の対GDP比は，2020・2021年を除き，日本のほうがフランスよりも悪い水準で推移してきた。

2 **正解！** ちなみに日本の比率は，100％をはるかに超えて推移し（2010年以降は200％超），主要先進国のなかで最悪の水準にある。

3 日本の法人実効税率は，ドイツと同程度の水準にあり，アメリカやイギリスより高くなっている。

4 日本の国民負担率は，イギリス，ドイツ，フランスより低いが，アメリカよりは高い。

5 日本の租税負担率は，イギリス，ドイツ，フランスより低く，アメリカとほぼ並ぶ低い水準にある。

第6章 世界経済

●過去問研究

基本はやっぱり「米中欧」

　世界経済の出題の基本的内容は，実質GDP成長率をはじめとする主要国の経済指標についての記述。この「主要国」の中身だが，経済大国である**アメリカと中国が群を抜いて多く登場してきた**。次いで出題が多い国・地域は，ユーロ圏ならびにユーロ圏諸国（ドイツ，イタリアなど）。そしてイギリスと，欧州勢が並んでいる。

　専門試験では，令和4年度の国家総合職で5つの選択肢を「アメリカ」だけ，「中国」だけで組む2問が出された。また，3年度の国家一般職［大卒］では「アメリカ，ユーロ圏，中国」が，国税・財務専門官では「アメリカ，ユーロ圏」がそれぞれ取り上げられた。

　最近の注目株は新興国。中国に加え，インドやロシアなどの新興国が世界経済に占める割合は上昇している。新興国が存在感を増していくのに比例して，出題も増えていくのは当然だ。令和4年度の国家総合職の専門試験では，ロシアとブラジルが取り上げられた。

国当てクイズもちらほら

　世界経済でときおり出題されるのが，数値や記述がどの国・地域に該当するかを問う「国当てクイズ型」問題。国・地域名の正しい組合せを選ばせるのが一般的だ。

　この出題パターンは，令和3年度の国家総合職の専門試験や，4年度の国家一般職［大卒］と国税・財務専門官の専門試験で見られた（取り上げられた国・地域の組合せは，それぞれ「インドネシア，韓国，フィリピン，シンガポール，タイ」「ユーロ圏，イギリス，アメリカ，ロシア，トルコ」「世界全体，ユーロ圏，イギリス，インド」）。**出題対象国は多岐にわたっている**。注意が必要だ。

金融政策にも注目！

　世界経済では，各国の金融政策についての出題も見られる。取り上げられやすいのは，やはりアメリカの金融政策だ。アメリカ経済で5つの選択肢が組まれるときには，その1つに登場する可能性が高い。

　アメリカの金融政策は，緩和から引き締めに転じた。経緯をフォローしておきたい。

各国の主な経済指標

 ここに注目

公務員試験に出そうな世界各国・地域についての主な経済指標の一覧表。丸暗記する必要はないが，比較しながら，おおよその数値をつかんでおけばきっと役に立つ！

2021年	1人当たり名目GDP（ドル）	実質GDP成長率（％）	失業率（％）	消費者物価上昇率（％）
アメリカ	69200	5.9	5.4	4.7
ユーロ圏	42300	5.3	7.7	2.6
ドイツ	50800	2.6	3.6	3.1
フランス	44900	6.8	7.9	1.6
イタリア	35500	6.7	9.5	1.9
スペイン	30100	5.5	14.8	3.1
イギリス	47200	7.5	4.5	2.6
ロシア	12200	4.7	4.8	6.7
中国	12400	8.1	5.1	0.9
インド	2200	8.7	—	5.5
インドネシア	4400	3.7	6.5	1.6
マレーシア	11400	3.1	4.6	2.5
フィリピン	3600	5.7	8.0	3.9
シンガポール	72800	7.6	2.7	2.3
タイ	7300	1.5	1.9	1.2
ベトナム	3700	2.6	3.2	1.8
ブラジル	7600	5.0	13.5	8.3
メキシコ	10000	4.7	4.3	5.7
アルゼンチン	10700	10.4	8.8	48.1
日本	39300	2.1	2.8	▲ 0.2

（インドは2021年度。2022年12月の内閣府資料による）

 世界経済の動き

　2020年，新型コロナウイルスの感染拡大で全世界の経済が低迷。IMF（国際通貨基金）によると，世界経済の実質GDP成長率は▲3.1％に落ち込み，統計が開始された1980年以降で最低だった。

　2021年にはコロナへの対応が進み，世界経済は回復。実質GDP成長率は5.9％に上昇。統計開始以降で最高値を記録した。ただし，国・地域間での回復ペースは異なり，いわゆる「K字型」の回復となった（『通商白書2022』）。

CHAPTER **6** 世界経済

アメリカの金融政策

 **ここに注目** 世界経済に大きな影響力を持つアメリカの金融政策。2020年のコロナショック後にとられた金利政策や量的緩和・引き締め策の経緯を簡単にまとめておこう！

CHAPTER 6 世界経済

金利政策

政策金利引き下げ

2020年3月3日
FF金利を0.5%引き下げ

2020年3月15日
FF金利を1.0%引き下げ
FF金利は「0〜0.25%」
（実質ゼロ金利）

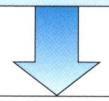

政策金利引き上げ

2022年3月
FF金利を0.25%引き上げ

2022年5月
FF金利を0.5%引き上げ

2022年6, 7, 9, 11月
FF金利を0.75%ずつ引き上げ

2022年12月
FF金利を0.5%引き上げ
FF金利は「4.25〜4.5%」

量的緩和・引き締め

量的緩和　QE

2020年3月〜2022年3月
アメリカ国債等を買入れ

2021年11月〜2022年3月
テーパリング（量的緩和縮小）
買入れ額を段階的に縮小

量的引き締め　QT

2022年6月〜
国債等の保有資産を削減

＊FF金利：アメリカの政策金利

中国の構造問題

 **ここに注目** 2021年の中国の実質GDPはしだいに伸び率が鈍化。中長期的に中国経済が成長を続けていくためには多くの課題があると『通商白書2022』は指摘。中国の課題を整理しておこう!

課題1　人口動態

「一人っ子政策」の影響等で少子高齢化が進み，生産年齢人口はすでに2010年にピークを迎え，総人口も2030年以降は減少に転じる見通し(2020年の合計特殊出生率は1.30，2021年の出生率は過去最低)

生産年齢人口の減少や都市に流入する農民工の伸びの鈍化で，都市部は人手不足(求人倍率は1.0倍超)

＊一人っ子政策:1979年開始。2013年緩和(夫婦のどちらかが一人っ子ならば2人目を認める)，2015年廃止(子供を2人まで認める)。2021年には子供を3人まで認める。

課題2　国有企業

民営企業に比べて効率性が低い大型国有企業の改革の遅滞(中国政府は，国有企業を「より大きく，より卓越して，より強くする」方針)

＊政府は補助金を国有企業に配布。ただし，民間企業にも幅広く配布している。

課題3　債務問題・金融リスク

非金融企業の債務残高が拡大，住宅ローンを中心とする家計債務は急速に拡大

地方政府は恒常的に大幅な支出超過，地方債の債務残高が増大

銀行融資の不良債権(ただし，比率は2020年半ばまで上昇した後，低下)

不動産リスク(住宅バブルを懸念した中国政府は，2020年半ば以降，不動産規制を導入。不動産大手「恒大」は資金繰り悪化・経営危機)

課題4　電力不足

2021年9〜12月に環境規制等によって電力不足が発生

課題5　所得格差

地域間，都市・農村間，個人間の格差が大きい

(省別の1人当たりGDPの差は4.6倍，都市・農村間の可処分所得の差は2.6倍，個人のジニ係数は0.4を上回る水準で推移)

＊ジニ係数＝格差を測る指標の1つ。0〜1の値をとり，0に近いほど格差が小さく，1に近いほど格差が大きい(0.4が社会騒乱の「警戒ライン」といわれる)。

CHAPTER **6** 世界経済

No. 1　次の表は日本，アメリカ，ユーロ圏，中国の実質GDP成長率（上段）と失業率（下段）を示したものである。A，B，C，Dに該当する国・地域の組合せとして，妥当なのはどれか。

		2020年	2021年
A	成長率	2.2	8.1
	失業率	5.6	5.1
B	成長率	▲6.1	5.3
	失業率	8.0	7.7
C	成長率	▲2.8	5.9
	失業率	8.1	5.4
D	成長率	▲4.3	2.1
	失業率	2.8	2.8

（表の数値は％。2022年12月の内閣府資料に基づく）

	A	B	C	D
1	中　国	ユーロ圏	日　本	アメリカ
2	中　国	ユーロ圏	アメリカ	日　本
3	アメリカ	中　国	日　本	ユーロ圏
4	アメリカ	日　本	ユーロ圏	中　国
5	ユーロ圏	中　国	日　本	アメリカ

No. 2　世界経済に関する次の記述のうち，妥当なのはどれか。

1　ユーロ圏の実質GDP成長率（季節調整済前期比）は，2021年1－3月期に大きくプラスとなった後，4－6月期以降，個人消費の減少により3四半期連続でマイナスとなった。

2　BOE（イングランド銀行）は，景気後退に対応するため，政策金利を2021年12月に引き下げ，2022年中も数次にわたって引き下げた。

3　ASEAN主要国（インドネシア，タイ，マレーシア，フィリピン，シンガポール，ベトナム）の実質GDP成長率は，すべての国で2020年にマイナスとなったが，2021年にはプラスに転じた。

4　インド経済は2021年に8％を超えるプラス成長に転じたが，2021年の実質GDPは2019年の水準を下回ったままだった。

5　WTI原油先物価格は，2022年3月に入り1バレル100ドルを超える水準となり，一時130ドルを超える水準にまで高騰した。

正答と解説

No. 1 ▷正答　2

4つの国・地域について，それぞれの特徴を考えてみよう。

Aの特徴は，成長率がほかの3つよりも高く，何よりも2020年に唯一プラス成長となっていることである。こうした点に当てはまる国といえば，4つの国・地域のうちでは中国しかない。なお，失業率が5％台であることからも中国だと確認できる。

Bの特徴は，2020年と2021年の失業率が比較的高くなっていること。この失業率の高さを考えると，ユーロ圏だろうと推測できる。また，Bの成長率は他国に比べて低めで，2020年には大幅なマイナスとなっている。この点からもユーロ圏だと確認できる。

Cの特徴は，2020年のマイナスから2021年に比較的高い成長率となっていること，また2020年には比較的高かった失業率が2021年に大きく低下していることである。このことからアメリカだとわかる。

Dについては，成長率が低めで，失業率も低いことから，日本で矛盾はない。よって，正答は2となる。

No. 2 ▷正答　5

1　ユーロ圏の実質GDP成長率（前期比）は，2021年1－3月期にマイナスとなった後，4－6月期以降，サービス業を中心に個人消費が持ち直し，3四半期連続でプラスとなった。

2　BOEは，加速するインフレへの対策として，政策金利を2021年12月に引き上げ，2022 年中も数次にわたって引き上げた。

3　ASEAN主要国のうち，ベトナムの成長率は2020年においてもプラスだった。

4　2021年のインドの実質GDPは2019年の水準を上回った。

5　**正解！**　2022年2月のロシアによるウクライナ侵略後，ロシア産原油の供給に対する懸念が高まり，WTI原油先物価格は高騰した。

 世界経済の予想問題2

No. 3　中国経済に関する次の記述のうち，妥当なのはどれか。

1　実質GDP成長率（前年同期比）は，コロナ感染拡大の影響により2021年1－3月期にはマイナスとなったが，4－6月期にプラスに転じて以降，3四半期連続で加速が続き，2021年全体では10％を超えた。

2　2021年の固定資産投資は，前年の反動から2ケタ台の伸び率を記録した。月次の推移（年初来累計，前年同月比）を見ると，自動車やインフラといった業種を中心に，年初からしだいに伸びを高めた。

3　2021年の貿易は前年より大幅に拡大し，輸出額，輸入額，貿易黒字額ともに過去最高を記録した。輸出額と輸入額を合わせた貿易総額は初めて6兆ドルを超えた。

4　2021年の生産者物価上昇率は，国際資源価格の高騰を受けて8％を超え，26年ぶりの高い伸びとなった。また，消費者物価上昇率も5％を超え，12年ぶりの高い伸びとなった。

5　2021年の都市部調査失業率は前年よりも上昇して6％台となり，政府目標より高かった。一方，2021年の都市部新規就業者数は1200万人を超え，政府目標を達成しただけでなく，2019年の水準を上回るほどに回復した。

No. 4　アメリカ経済に関する次の記述のうち，妥当なのはどれか。

1　2021年の実質GDP成長率は5％台後半と高い成長率を記録した。実質GDPの規模も，2021年4－6月期にはコロナ感染が広がる直前の2019年10－12月期の水準を超えた。

2　2021年の四半期別の実質GDP成長率（季節調整済前期比）は，1－3月期と4－6月期には年率換算で6％を超えたが，個人消費が大幅に減速した7－9月期からは2四半期連続してマイナスとなった。

3　2021年の財貿易では，輸出額が中国向けを中心に増加した一方，輸入額が大幅に減少したことから，貿易収支の赤字額は前年より縮小し，5000億ドルを下回った。

4　2020年4月に15％近くだった失業率（完全失業者÷労働力人口）は，2022年4月には5％台後半に低下した。労働参加率（労働力人口÷生産年齢人口）は2020年4月を底に上昇傾向にあり，2022年4月には2019年平均を上回った。

5　PCE（個人消費支出）価格指数が目標とする2％を上回って推移するようになったが，雇用の回復が遅れているとしてFRBは，2022年3月のFOMC（連邦公開市場委員会）においては政策金利の据え置きを決定した。

No. 3 ▷正答　3

1　2021年1－3月期の実質GDP成長率は前年の反動から高い伸びとなったが，4－6月期以降は3四半期連続で減速が続いた。2021年の成長率は8％台だった。

2　2021年の固定資産投資は4.9％の伸びだった。月次の推移では，しだいに伸びが鈍化した。業種別では，自動車は半導体不足で前年比マイナスとなり，インフラも低い伸びにとどまった。

3　**正解！**　米中貿易摩擦があるなか，対アメリカでは輸出入とも約3割増となった。対米貿易黒字額は前年よりも拡大した。

4　消費者物価上昇率は0.9％にとどまり，12年ぶりの低い伸びにとどまった。生産者物価に関する記述は正しく，2021年には消費者物価と生産者物価の動きに大きな乖離が見られた。

5　2021年の都市部調査失業率は前年よりも低下して5.1％となり，政府目標（5.5％前後）より低かった。都市部新規就業者数は1269万人となり，政府目標（1100万人）を達成したが，2019年の水準（1352万人）には及ばなかった。

No. 4 ▷正答　1

1　**正解！**　前年の落ち込みからの反動や底堅い消費需要に支えられ，2021年の実質GDP成長率は37年ぶりの高さとなる5.9％を記録した。

2　2021年の実質GDP成長率（季節調整済前期比）は，すべての四半期においてプラスだった。1－3月期と4－6月期には年率換算で6％を超えたが，7－9月期には個人消費が大幅に減速して2％台となった。10－12月期には7％を超える高い成長率となった。

3　2021年の財貿易では，輸出額も輸入額も増えた。輸入額のほうが輸出額より大きく伸びたことから貿易赤字額は拡大し，初めて1兆ドルを超えて過去最大を更新した。

4　失業率は，2022年4月には3％台後半（3.6％）に低下した。労働参加率は2020年4月を底に上昇傾向にあるが，2022年4月時点では2019年平均を下回った。

5　FRBはインフレを抑制するため，2022年3月のFOMCで政策金利を引き上げた。その後も数次にわたって政策金利を引き上げ，2022年12月末時点でFF金利の誘導目標水準は4.25〜4.5％となった。

第7章 厚生

● 過去問研究

保険制度改革は出題必至

　厚生の重要テーマは，**年金，医療，介護の社会保険制度**。基礎能力・教養試験では，社会，時事，政治で，専門試験では社会政策での出題が見られる。そのほか財政学や社会学でも出題されることがある。年金，医療，介護の各制度は，どこにでも登場しうるオールラウンド・プレーヤーであるといってよい。

　社会保険制度の出題で主に問われるのは各制度の仕組み。新たな制度が導入されたときには出題に備えておくのが得策だ。令和元年度の国税・財務専門官の専門試験では，これまでの年金制度改革の内容を問う出題があった。また，4年度の警視庁警察官［Ⅰ類］の試験では，選択肢の1つに2020年の「年金制度改正法」が取り上げられた。

　今年も注目は**年金制度**。年金制度改正法では，公的年金制度の短時間労働者への適用拡大や在職老齢年金制度の見直しなどが実施されることになったし，私的年金制度でも確定拠出年金の制度が改まった。今一度，改正内容を整理しておきたい。

　医療保険制度についても2019年と2021年に改正健康保険法等が成立。こちらも要注意だ。

こども政策が真ん中

　少子化は高齢化とともに日本の将来をめぐる最大の懸念。令和4年度の国家専門職［大卒］の基礎能力試験でも，選択肢の1つに少子化対策が取り上げられていた。

　2022年はこども政策で大きな進展があった年。「こども基本法」によって基本理念が定められ，「こども家庭庁設置法」も成立した。

　2023年4月の「こども家庭庁」の発足を記念した出題はほぼ確実。従来の少子化対策もまだ出題圏内にあり，要注意だ。

　このほか，**少子化の現状**にも注意。対策と併せて確認しておくとよい。

障害者制度は出る？

　近年，障害者制度では法律の制定が目白押し。2021年には「改正障害者差別解消法」が，2022年には「障害者情報アクセシビリティ・コミュニケーション施策推進法」「改正障害者総合支援法」が成立した。出題ネタは盛りだくさんだ。

医療保険制度を考える

 **ここに注目** 改革が進められる医療保険制度。高齢化の進展を意識しながら勉強しておくことが大切！

● 医療保険制度の基礎知識

□**国民健康保険**‥‥自営業者や農林漁業従事者などが加入する医療保険。市町村，都道府県が保険者となって運営する地域保険と，医師や土木建築業など同一の職業ごとに組織・運営されている組合保険がある。

□**被用者保険**‥‥いわゆるサラリーマンが加入する医療保険。民間企業の労働者には「健康保険」が，公務員などには「共済組合」がある。なお，大企業の雇用者は，企業単位で組織・運営される「健康保険組合（組合管掌健康保険）」に加入する。

□**協会けんぽ**‥‥中小・零細企業の労働者などが加入する健康保険。正式名称は，全国健康保険協会。

□**後期高齢者医療制度**‥‥75歳以上の「後期高齢者」を対象とする独立した医療制度。財源は，公費負担が約5割，現役世代からの支援（後期高齢者支援金）が約4割，そして後期高齢者からの保険料が約1割となっている。

 国民医療費

　国民医療費とは，日本の医療機関で保険診療の対象となる病気やけがの治療に使われた費用の総額。2020年度には，42兆9665億円にのぼった。また，1人当たりの国民医療費は34万600円。コロナの影響で，どちらも前年度より減少した。

　2020年度の国民医療費の対GDP比は8.02％。前年度（7.97％）に比べ，0.05ポイント上昇した（2022年11月に厚労省が発表した数値）。

● 医療保険制度の改革

□**健康保険法**‥‥2021年の改正健康保険法等は，①75歳以上で現役並み所得者ではないが一定所得以上の人について，窓口負担割合を2割に引き上げ，②育児休業中の保険料の免除要件を見直し（月内に2週間以上の育児休業を取得した場合は当該月の保険料を免除，賞与にかかわる保険料については1か月を超える育児休業を取得している場合に限り免除の対象とする）。

　2019年の改正健康保険法等は，①**被用者保険の被扶養者に国内居住要件を追加**，②**オンライン資格確認を導入**（マイナンバーカードを健康保険証として利用），③医療情報化支援基金を創設，④75歳以上の高齢者の保健事業と介護予防の一体的な実施を規定。

年金制度を考える

 年金制度について，まずは制度の基本的な仕組みを確認。制度改革についてもきちんとフォローしておこう！

● 公的年金制度の基礎知識

□ **国民年金**‥‥①全国民が加入，②基礎年金を給付，③保険料は定額。「国民年金」は老後の生活のもととなる「基礎年金」の給付を行う制度。「国民皆年金」制度の下，20歳以上60歳未満の全国民が加入し，保険料を支払う。保険料は定額（＝報酬に無関係）で，もらうときも定額だ。

□ **国民年金の受給**‥‥国民年金をもらえるのは原則として65歳から。60歳からもらうこともできるが，その場合，年金額は減額される。反対に，75歳まで受給を遅らせることも可能で，そのときは年金額がアップする。

□ **厚生年金**‥‥①民間サラリーマンも公務員も「厚生年金」に加入。②保険料は「所得の一定割合」を「労使が折半」。③将来もらう年金は「報酬比例」。国民年金との大きな違いは報酬比例であること。つまり，給料が高いと保険料は高いが，もらう年金は多くなる。保険料の半分は職場が負担する。

　なお，この報酬比例部分の支給開始年齢は，段階的に60歳から65歳へ引き上げられている（男性は2013〜2025年度，女性は2018〜2030年度）。

□ **日本年金機構**‥‥公的年金の運営業務を担う非公務員型の公法人。

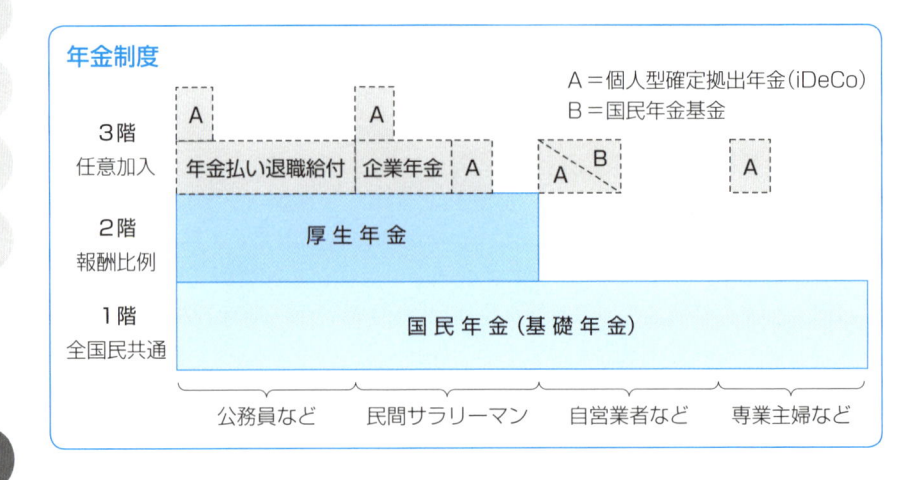

● 私的年金制度の基礎知識

□**企業年金**‥‥企業が従業員を対象に実施する年金制度。厚生年金基金，企業型確定拠出年金，確定給付企業年金がある。

□**確定拠出年金**‥‥**決められた拠出額で加入者本人が運用方法を決め，運用結果に応じて年金を受け取る仕組み。**企業・加入者が掛け金を出す「企業型」と加入者が掛け金を出す「個人型（iDeCo）」とがある。

□**国民年金基金**‥‥自営業者などが任意で加入する上乗せ年金。都道府県ごとと業種ごとに組織・運営されている。

● 年金制度の改革

□**年金制度改正法**‥‥2020年成立。①**短時間労働者を被用者保険（厚生年金・健康保険）の適用対象とすべき企業の範囲を拡大**，②**在職中の年金受給を見直し**（60〜64歳の「在職老齢年金制度」を見直し，65歳以上の「在職定時改定」を導入），③**年金の受給開始時期の選択肢を60歳から75歳の間に拡大**，④確定拠出年金の加入可能要件を見直し。

□**年金改革法**‥‥2016年成立。①公的年金制度の持続可能性を高め，将来世代の給付水準の確保を図るため，**年金額の改定ルールを見直し**（2018年度から社会情勢に合わせて年金の給付水準を自動的に調整する「マクロ経済スライド」を強化，2021年度から現役世代の賃金が物価より下がった場合には年金支給額も賃金低下に合わせて減額），②短時間労働者への社会保険の適用拡大を促進，③自営業者などについても産前産後期間の国民年金保険料を免除，④重要な方針にかかわる意思決定や執行機関の業務執行に対する監督を行う合議制の経営委員会をGPIF（年金積立金管理運用独立行政法人）に設置。

□**確定拠出年金法**‥‥2016年の改正法は，①20歳以上60歳未満の希望者の個人型確定拠出年金（iDeCo）への加入を可能に，②中小企業対象の「簡易型確定拠出年金」を創設，③中小企業対象の「中小事業主掛金納付制度」を創設。

□**被用者年金一元化法**‥‥2012年成立。2015年10月から，①**年金の2階部分を厚生年金に統一**（公務員や私学教職員も厚生年金に加入，保険料率や給付内容を一元化），②共済年金の3階部分（職域加算部分）を廃止。

□**年金生活者支援給付金法**‥‥2012年成立。低所得の年金受給者に給付金を支給（消費税率10％への引き上げ時の2019年10月に施行）。

介護保険制度を考える

介護保険制度は高齢者の介護に欠かせない存在としてすっかり定着。制度の概要と法改正をきちんと整理しておこう！

● 介護保険制度の基礎知識

□**介護保険制度**‥‥高齢者介護を社会全体で支える制度。2000年に創設。40歳以上の国民から強制的に保険料を徴収し，要介護状態の人に介護サービスを提供する。給付費の**財源は保険料と公費**（国・都道府県・市町村の財政負担）。それぞれが5割ずつを受け持つ。

□**介護保険の保険料**‥‥**保険者は市町村**（特別区を含む）。保険料は，40〜64歳の者は医療保険経由で負担。65歳以上の高齢者は，所得に応じて各市町村が定める額を負担する（自治体間で大きな差がある）。

□**介護保険の給付**‥‥介護保険の給付を受けるには市町村に申請し，**要介護・要支援の認定**を得ることが必要。認定されると，要介護度の程度に応じて，在宅ないしは施設で介護サービスを受けることができる。このとき，原則として**介護サービス費用の1割は利用者が自己負担する**（ただし，現役並みの高所得の利用者は3割負担，一定以上の所得のある利用者は2割負担）。

● 介護保険制度の改革

□**介護保険法**‥‥2020年の改正法は，①国・地方自治体の責務に**地域共生社会の実現に努める**ことを追加，②介護保険事業（支援）計画について，当該市町村の人口構造の変化の見通しを勘案して作成することや，記載事項に高齢者向け住まいの設置状況や介護人材確保・業務効率化の取組みを追加することを規定。

2017年の改正法は，①市町村が自立支援・重度化防止に向けて取り組む仕組みを制度化，②介護と医療を一体的に提供する「**介護医療院**」を新設，③地域住民と行政等との協働による包括的支援体制づくりや「地域福祉計画」の策定を市町村に努力義務化，④現役並み所得のある利用者の負担割合を3割に引き上げ，⑤介護納付金に**全面総報酬割**を導入。

要介護度

要介護認定で要介護状態の度合いを表す区分。認定区分は，要支援（1と2の2段階）と要介護（1から5までの5段階）の7段階ある。数字が大きいほど要介護の度合いが重い。

なお，要支援とは，要介護状態になるおそれがあり，家事や身の回りの支援などの日常生活に支援を必要とする状態をいう。

生活保護制度を考える

 **ここに注目** 生活保護制度について基本的な仕組みをチェック。併せて，生活保護に至る前の生活困窮者自立支援制度についても確認！

● 生活保護制度の基礎知識

☐ **生活保護制度**‥‥生活に困窮する国民に対し困窮の程度に応じて必要な保護を行い，最低限度の生活を保障するとともに，自立を助ける制度。憲法25条が定める「健康で文化的な最低限度の生活を営む権利」を国が最終的に保障する制度であり，「**社会保障の最後のセーフティネット**」といわれる。国の制度だが，運営は地方自治体。

 生活保護受給者・受給世帯数

生活保護の受給者数は1995年を底に増加し，2015年3月に過去最多の約217万人を記録。その後は減少傾向にあり，2022年9月には約202万人となった。

一方，生活保護受給世帯は，2022年9月時点で約164万世帯。高齢者世帯は増加傾向，高齢者以外の世帯は減少傾向にある。

☐ **生活保護を受けるための要件**‥‥生活保護を受給できるのは，**資産，働く能力，年金・手当の給付や，親子間の扶養・援助など，すべてを活用してもなお生活に困窮する場合**。生活困窮者からの申請を受けて，福祉事務所は生活状況，資産，就労可能性，扶養の可否などの調査を行ったうえで，支給するかどうかを決定する。

☐ **生活保護費**‥‥**生活保護費は世帯単位で支給**。世帯の収入と国が定める保護基準で計算した「最低生活費」とを比べ，収入が最低生活費より少ないときに，差額分が生活保護費として支給される。生活保護費のうち，食費・被服費・光熱費など日常生活に必要な費用に充てるために支給されるのが「生活扶助」。年齢，世帯構成，居住地などで異なる基準額が定められている。

● 生活困窮者自立支援制度の基礎知識

☐ **生活困窮者自立支援制度**‥‥生活保護に至る前の生活困窮者の自立を支援する制度。実施主体は福祉事務所を設置している自治体。

☐ **生活困窮者自立支援制度の実施事業**‥‥「**自立相談支援事業**」と「**住居確保給付金の支給**」（離職で住宅を失った生活困窮者に家賃相当の給付金を支給）は自治体の必須事業。また，2018年の改正生活困窮者自立支援法は，「就労準備支援事業」と「家計改善支援事業」の実施を努力義務化した。このほか自治体は，「一時生活支援事業」（住居のない生活困窮者に一定期間宿泊場所や衣食を提供）や「子どもの学習・生活支援事業」などを実施する。

少子化対策・こども政策を考える

人口減少社会を迎えた日本。政府も少子化対策に力を入れ、さらにこども政策を推進する体制を強化している。

択一式試験対策だけでなく、論述や面接に備えて関連用語を押さえ、併せて因果関係を考察しておこう！

● 政策基本用語

□**こども基本法**‥‥2022年成立。こども政策の**基本理念**を定め、基本理念に沿った施策の策定・実施を**国・地方自治体の責務**としている。「子どもの権利条約」（以下参照）に対応した法律。

□**こども家庭庁**‥‥こども政策の**司令塔**。2023年4月に内閣府の外局として発足。こどもの最善の利益を第一に考え、こどもに関する取組み・政策を社会の真ん中に据える「こどもまんなか社会」を目指す。

□**子ども（児童）の権利条約**‥‥子どもの権利を保障するための条約。18歳未満を子どもと定義。①差別の禁止、②生命・生存・発達に対する権利、③子どもの意見の尊重、④子どもの最善の利益、という4つの原則を定めている。1990年に発効し、日本は1994年に批准。

● 政策関連用語

□**少子化社会対策大綱**‥‥2020年、政府は、新たな「少子化社会対策大綱」を策定。基本目標に「**希望出生率1.8**」の実現を掲げ、ライフステージに応じた少子化対策に大胆に取り組むとした。

　基本的な考え方として、①結婚・子育て世代が将来にわたる展望を描ける環境をつくる、②多様化する子育て家庭のさまざまなニーズに応える、③地域の実情に応じたきめ細かな取組みを進める、④結婚、妊娠・出産、子供・子育てに温かい社会をつくる、⑤科学技術の成果など新たなリソースを積極的に活用する、の5つを示し、具体的施策の数値目標も定めた。

出生率低下の要因は？

　日本の出生率低下の要因として挙げられるのは、未婚率の上昇、晩婚化、夫婦出生児数の減少。日本では婚外子が少なく、出生率は結婚行動とその後の動向に大きくかかわっている。

　出産期を迎える世代の未婚率は1980年代から上昇傾向。2020年には25〜29歳の女性の約62%、30〜34歳の女性の約35%が結婚していない。女性の平均初婚年齢も29歳を超えている。

　なお、結婚した夫婦からの最終的な出生児数（完結出生児数）も2021年には1.90人に低下し、2人を割り込んでいる。

□**児童福祉法**····2022年の改正法は，①市区町村に「こども家庭センター」の設置を努力義務化，②一時保護の必要性を判断する**司法審査を導入**，③一時保護や施設入所の際の児童からの意見聴取等を児相に義務化，④**児童自立生活援助事業の年齢上限を撤廃。**

□**子ども・子育て支援法**····2021年の改正法は，①**子育て支援に積極的に取り組む事業主に対する助成制度を創設，**②0～2歳児の保育所等運営費のうち，一般事業主から徴収する拠出金の割合を引き上げた。

□**新子育て安心プラン**····**全国の待機児童を解消するためのプラン。**2020年12月策定。2021年度から2024年度末までの4年間で約14万人分の保育の受け皿を整備すると定めた。

□**新・放課後子ども総合プラン**····**小学生の放課後の活動に対する支援策。**厚労省所管の「放課後児童クラブ（学童保育）」を，2021年度末までに約25万人分整備し，2023年度末までに約30万人分増やす（受け皿の合計は約152万人分）。文科省所管の「放課後子供教室」との一体的な整備も進める。

□**児童手当**····**中学校卒業までの子どもを養育する者に対して一定額の手当を支給する仕組み。**2022年10月から高所得者は支給対象外となる。

● 少子化進展の背景とその影響

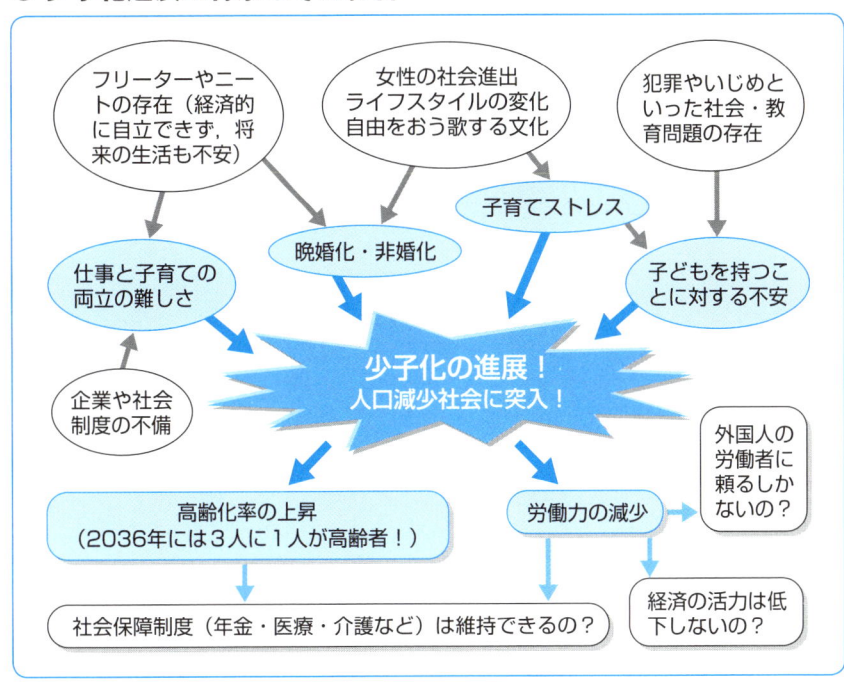

 厚生の基礎問題

No. 1　日本の少子高齢化に関する次の記述のうち，妥当なのはどれか。

1　2021年の合計特殊出生率は1.26で，前年よりも一段と低下し，過去最低となった。

2　日本の合計特殊出生率はアメリカやフランスよりも高い。

3　2020年の50歳時の未婚率は，男性では25％を超え，女性では15％を超えている。

4　高齢化の進展により，2021年には国民の 3 人に 1 人以上が65歳以上の高齢者となった。

5　日本は世界で最も高齢化が進んでいるが，15歳未満の年少人口比率で見ると，日本よりも少子化が進んでいる国がある。

No. 2　少子化対策に関する次の記述のうち，妥当なのはどれか。

1　2020年の「少子化社会対策大綱」は，合計特殊出生率を人口置換水準（人口を維持できる水準）の2.07以上とすることを基本目標に掲げている。

2　2022年 4 月時点における待機児童数は，前年より増加して 1 万人を超えた。

3　2020年の「新子育て安心プラン」は，2021 ～ 2024年度の 4 年間で約14万人分，保育の受け皿を拡大すると定めた。

4　「放課後児童クラブ」とは，地域住民の参画を得て，放課後にすべての児童を対象として学習や体験・交流活動などを行う事業である。

5　2021年の改正児童手当法は，児童手当の支給対象に所得制限を設け，所得が一定額以上の者に対しては手当を減額すると定めた。

No. 3　医療や自殺に関する次の記述のうち，妥当なのはどれか。

1　2020年度の国民医療費は100兆円を超えた。財源別構成比は，国と地方の公費が約70％，保険料が約20％，患者負担が約10％となっている。

2　2021年の日本人の平均寿命は，女性では90歳を超えているが，男性では80歳を下回っている。

3　2019年の日本人の健康寿命（健康上の問題で日常生活が制限されずに生活できる期間）は，男女ともに80歳を下回っている。

4　2021年の日本人の死因の上位 3 つは，がん，心疾患，肺炎である。

5　2021年の自殺者数は 2 万人を下回り，12年連続の減少となった。

 正答と解説

No. 1 ▷正答　3

1　過去最低の1.26を記録したのは2005年。2021年は前年の1.33より低下して1.30となった。

2　日本の合計特殊出生率はアメリカやフランスに比べ低い。

3　**正解！**　50歳時の未婚率は，1970年には男性1.7％，女性3.3％だったが，2015年には男性24.8％，女性14.9％，2020年には男性28.3％，女性17.8％と上昇した。

4　高齢化率は28.9％で，まだ国民の3人に1人以上にはなっていない。

5　日本の15歳未満の年少人口比率は世界最低である。したがって，日本は世界で最も少子高齢化が進んだ国である。

No. 2 ▷正答　3

1　「少子化社会対策大綱」が基本目標に掲げているのは，希望出生率（若い世代の結婚や出産の希望がかなえられた場合の出生率）1.8の実現である。

2　待機児童数は前年より減少して過去最少の2944人となった。

3　**正解！**　受け皿拡大の財源は，児童手当の見直し分と事業主拠出金とでまかなう。

4　「放課後児童クラブ」とは，保護者が仕事などで昼間家庭にいない小学生を対象に，放課後に学校の余裕教室や児童館などを利用して遊びや生活の場を提供する事業である（厚労省所管）。問題文は，「放課後子供教室」に関する説明である（文科省所管）。

5　2021年の改正法は，所得が一定額以上の者について児童手当の支給対象外とすると定めた。

No. 3 ▷正答　3

1　2020年度の国民医療費は約43兆円。財源別の構成比は，公費が38.4％（国は25.7％，地方は12.7％）で，保険料が49.5％，患者負担が11.5％である。

2　2021年の日本人の平均寿命は，女性87.57歳，男性81.47歳だった。

3　**正解！**　2019年の日本人の健康寿命は，男性72.68歳，女性75.38歳である。

4　第3位は肺炎ではなく，老衰である（肺炎は第5位）。

5　2021年の自殺者数は2年ぶりに減少し，2万1007人となった。

No. 4　医療に関する次の記述のうち，妥当なのはどれか。

1　2021年の改正健康保険法等は，「全世代対応型の社会保障制度」を構築するため，75歳以上を対象とする後期高齢者医療における被保険者すべてについて，窓口負担割合を1割から2割に引き上げると定めた。

2　2021年の改正医療法等は，時間外労働の上限規制が2024年4月から医師にも適用されることを受け，長時間労働の医師に対する労働時間の短縮や健康確保のための措置を整備した。

3　2022年の改正医薬品医療機器等法は，臨床試験の途中段階にあっても，医薬品等の安全性及び有効性が「推定」された段階で承認を行う「緊急承認制度」を整備した。

4　2022年の改正感染症法は，国民の生命・健康に重大な影響を与えるおそれがある感染症の発生・まん延時には，すべての医療機関に医療提供を義務づけると定めた。

5　2022年の改正感染症法は，ワクチン接種の安全性や実効性を確保するため，感染症の発生・まん延時にワクチン接種を行うことができるのは医師と看護師に限定すると定めた。

No. 5　2020年の年金制度改正法に関する次の記述のうち，妥当なのはどれか。

1　短時間労働者を被用者保険の適用対象とすべき事業所の企業規模要件について，2022年に50人超規模へ，2024年には100人超規模へと段階的に引き上げると定めた。

2　高年齢者の就労を促進するため，60歳以上の老齢厚生年金受給者を対象とする「在職老齢年金制度」について，2022年3月31日をもって廃止すると定めた。

3　65歳以上の在職中の老齢厚生年金受給者について，「在職定時改定制度」を導入し，年金額を毎年10月に改定すると定めた。

4　高年齢者の就労が拡大している現状にかんがみ，個人が選ぶことのできる公的年金の受給開始時期について，改正前の「60歳から70歳の間」から「65歳から75歳の間」に引き上げると定めた。

5　設立手続きを簡素化した「簡易型確定拠出年金」を設立できる事業所について，一定以下の従業員規模に限っていた要件を撤廃し，すべての企業に拡大した。

 正答と解説

No. 4 ▷正答 2

1 後期高齢者医療の被保険者のうち，現役並み所得者以外でも一定所得以上の者について，窓口負担割合を2割にすると定めた。なお，現役並み所得者は改正前から3割負担である。

2 **正解！** 医療機関における医師の労働時間短縮計画の作成や，医師の健康確保措置（面接指導，連続勤務時間制限，勤務間インターバル規制等）の実施などを定めた。

3 緊急承認制度においては，医薬品等の有効性が「推定」された段階での承認が可能だが，医薬品等の安全性については「推定」ではなく，「確認」することが前提とされている。

4 改正法が，感染症の発生・まん延時に医療提供を義務づけたのは，公立・公的医療機関，特定機能病院（大学病院等），地域医療支援病院である。

5 改正法は，感染症発生・まん延時に厚労大臣や都道府県知事の要請により，医師・看護師以外の者（歯科医師，救急救命士等）がワクチン接種を行うことができるよう定めた。

No. 5 ▷正答 3

1 改正法は，短時間労働者の被用者保険への適用を拡大するため，対象とすべき企業規模要件について，2022年に100人超規模へ，2024年に50人超規模へと段階的に引き下げると定めた。

2 改正法が定めたのは，60〜64歳を対象とする「在職老齢年金制度」についての見直し（支給停止とならない範囲を拡大）である。制度自体の廃止を定めたものではない。

3 **正解！** 改正により，働いて納めた保険料が早めに年金額に反映されるようになる。

4 改正法は，改正前に「60歳から70歳の間」と定められていた公的年金の受給開始時期を「60歳から75歳の間」に変更する（上限を75歳に引き上げる）こととした。

5 改正法が定めたのは，中小企業向けの「簡易型確定拠出年金」を設立できる事業所の対象範囲を「従業員100人以下」から「従業員300人以下」に拡大することである。すべての事業所を対象としたわけではない。

No. 6　介護や社会福祉に関する次の記述のうち，妥当なのはどれか。

1　介護保険制度における介護サービス利用者は着実に増加している。2021年4月のサービス利用者数は，介護保険制度開始当時の2000年4月に比べ，10倍以上に増加した。

2　世代間・世代内の公平性を確保しつつ，介護保険制度の持続可能性を高めるため，介護サービス利用者の自己負担割合は一律3割とされている。

3　2020年の改正社会福祉士・介護福祉士法は，介護現場で中核的な役割を担う「介護福祉士」の資質を向上させるため，介護福祉士養成施設の卒業者について，国家試験の受験を新たに義務づけ，国家試験に合格することを介護福祉士の資格を得るための要件と定めた。

4　2021年の改正障害者差別解消法は，障害者に対する社会的障壁を除去するための「合理的配慮」を提供することを民間事業者に対しても義務づけた。

5　障害者施策の基本となる障害者基本法は，基本的施策の1つに「情報の利用におけるバリアフリー化等」を掲げているが，2022年末時点では，その根拠となる法律は，まだ制定されていない。

No. 7　こども政策に関する次の記述のうち，妥当なのはどれか。

1　2022年のこども基本法は，日本国憲法と児童の権利に関する条約（子どもの権利条約）の精神にのっとり，こども施策に関する基本理念や国の責務等を定めた。

2　2022年のこども基本法が定める「こども施策」とは，おとなになるまでの心身の発達過程で行われるこどもの健やかな成長に対する支援であり，おとなになってからの支援は含まれない。

3　2023年4月に内閣府の外局として「こども家庭庁」が発足するのに伴い，小学校就学前のこどもを対象とする保育所，認定こども園，幼稚園の3者は「こども家庭庁」が所管することとなった。

4　2022年の改正児童福祉法は，虐待を受けた子どもなどの一時保護を開始する際，すべてのケースについて裁判所が必要性を判断する司法審査を義務づけた。

5　2022年の改正児童福祉法は，児童養護施設の退所者等を対象とする児童自立生活援助事業について，原則20歳までとなっている年齢上限を短縮し，民法の成年年齢に合わせ，原則18歳までとした。

No. 6 ▷正答 4

1 2021年4月の介護サービス利用者数は，2000年4月（149万人）の3.4倍の507万人に達した。

2 利用者の自己負担割合は原則1割である。ただし，一定以上の所得がある利用者については2割，特に所得の高い利用者については3割とされている。

3 介護福祉士養成施設の卒業者については，国家試験に合格しなくても介護福祉士資格を得られる経過措置がとられてきた。2020年の改正社会福祉士・介護福祉士法は，これをさらに5年間延長することを定めた。

4 **正解！** 「合理的配慮」の提供とは，負担が重くなりすぎない範囲で，障害者にとっての社会的障壁を取り除くこと。改正前，国や自治体には義務づけられていたが，民間事業者には努力義務とされていた。

5 2022年5月，「情報の利用におけるバリアフリー化等」を進めるための根拠となる「障害者情報アクセシビリティ・コミュニケーション施策推進法」が制定された。

No. 7 ▷正答 1

1 **正解！** こども基本法は基本理念を6つ掲げている。そのうち4つは「児童の権利条約」の4原則（「差別の禁止」「生命,生存及び発達に対する権利」「児童の意見の尊重」「児童の最善の利益」）を踏まえて定められた。

2 こども基本法が定める「こども施策」には，こどもに対する支援に加え，就労・結婚・妊娠・出産・子育てなど，おとなになってからの支援も含まれる。

3 保育所（厚労省所管）と認定こども園（内閣府所管）は，こども家庭庁に移管されることとなったが，幼稚園の所管は文科省のままである。幼稚園と保育所を統合する「幼保一元化」は実現されていない。

4 改正法は，一時保護について裁判所が必要性を判断する司法審査を導入したが，すべてのケースに義務づけたわけではない。親権者が一時保護に同意しない場合等に児相が裁判所に請求する。

5 改正法は，児童自立生活援助について年齢制限を撤廃するとした。

CHAPTER

7 厚生

●過去問研究

注目は労働制度の改正

　2019年以降，「働き方改革関連法」が順次施行。労働制度を抜本的に改革する内容で，話題性もあるだけに公務員試験ではよく登場してきた。

　働き方改革に関連する選択肢は，平成30年度の国家総合職の基礎能力試験に早くも登場していたが，令和元年度の国家一般職［大卒］の基礎能力試験や2年度と3年度の国税・財務専門官の専門試験でも取り上げられた。また，元年度の東京都［Ⅰ類A］，特別区［Ⅰ類］では働き方改革関連法の内容を問う出題があった。

　試験対策では，**新たな制度の把握**は不可欠。2022年には雇用保険法等が改正され，雇用保険財政の安定化を図る制度改正がなされた。職業安定法も改正された。出題を前提に今一度チェックしておこう。加えて，労働時間や非正規雇用の状況など，**改革法がらみの現状**も併せて確認しておくとよいだろう。

雇用対策はきめ細かく

　労働では「雇用対策」が欠かせないテーマ。政府が実施する雇用対策は多岐にわたっている。対象者で分けてみても，高齢者，女性，若者，障害者向けなど，多種多様だ。

　このうち，公務員試験によく出されてきたのが**高年齢者の雇用対策**。高年齢者雇用安定法が改正されて以来，その内容を問う選択肢がさまざまな試験に登場してきた。2020年には，70歳までの就業支援を盛り込んだ改正高年齢者雇用安定法が成立。高齢者の雇用対策は今後も要注意だ。

　また，政府は**若者の雇用対策**にも重点的に取り組んでいる。さらに，「**女性の活躍**」も重要課題とし，女性の就業率アップも目指している。

　雇用対策同様，試験対策もきめ細かく進めておきたい。

ほかに出そうなテーマは？

　「育児・介護休業」関連のテーマにも注意。2021年に改正法が成立し，育児・介護休業制度が改まったからだ。

　育児・介護休業は，政府が目標とする「希望出生率1.8」「介護離職ゼロ」の実現に向けた施策でもある。注目度は高い。

暗記お助け

多様化する働き方

ここに注目 日本人の働き方は多様化している。論述や面接も念頭に，関連用語を一気におさらいだ！

● 非正規雇用

□**派遣労働者**‥‥派遣元の企業に雇われ，ほかの企業（派遣先企業）で働く労働者。労働者派遣法で派遣期間の上限などが定められている。

□**有期労働契約**‥‥期間の定めがある労働契約。契約期間の上限は原則3年（高度の専門的知識・技術を持つ労働者や60歳以上の高齢者は5年）。

無期転換ルール

有期の労働契約が反復更新されて通算5年を超えた場合，労働者の申込みにより，期間の定めのない労働契約（無期労働契約）に転換できるルール。改正労働契約法に基づき，2018年4月以降，本格的に実施。

● 新しい働き方

□**テレワーク**‥‥ICT（情報通信技術）を利用した時間や場所を有効に活用できる柔軟な働き方。政府は，「雇用型テレワーク」と「自営型テレワーク」のそれぞれについてガイドラインを定め，普及促進を図っている。

□**副業・兼業**‥‥政府は「モデル就業規則」において**副業・兼業を原則として容認**。ガイドラインも定め，普及促進を図っている。

□**高度プロフェッショナル制度**‥‥特定高度専門業務・成果型労働制。一定の年収以上で特定の高度専門職を対象に，労働基準法上の労働時間，休日，深夜の割増賃金等の規定を適用除外とする制度。健康確保措置や本人の同意などを要件として2019年4月から導入が可能となった。

□**勤務間インターバル制度**‥‥**終業から次の始業までの間に一定の休息時間を確保する制度**。労働者が生活や睡眠に充てる時間を確保でき，ワーク・ライフ・バランスの実現にも資すると期待されている。2019年4月以降，制度導入は事業主の努力義務となった。

□**フレックスタイム制**‥‥一定の期間について，あらかじめ定めた総労働時間の範囲内で，**労働者が日々の始業・終業時刻や労働時間を自分で決められる制度**。日々の都合に合わせて，働く時間を調整できるため，労働者はワーク・ライフ・バランスを実現しやすくなる。2019年4月以降，時間調整する単位となる「清算期間」の上限が1か月から3か月に延長され，労働者の都合に応じてより柔軟に働けるようになった。

暗記お助け

育児・介護休業

ここに注目 育児・介護休業は，仕事と家庭の両立支援策。育児休業は少子化対策でもある。制度の基礎知識とともに2021年の改正法の内容を整理！

● 育児・介護休業制度の基礎知識

☐**育児休業**‥‥原則として子どもが1歳に達するまでの間，労働者に保障されている休業制度。ただし，保育所に入れない場合などは，最長で2歳まで延長できる。

　育児休業中は，社会保険料（健康保険や厚生年金保険）の支払いは免除される。また，育児休業開始から180日目までは休業開始前の賃金の67%，その後は50%に当たる育児休業給付が受けられる。

☐**パパ・ママ育休プラス**‥‥父母ともに育児休業を取得する場合，原則として子が1歳までとされている休業可能期間が，1歳2か月に達するまでに延長される。

☐**介護休業**‥‥家族を介護・看病するための休業制度。要介護状態にある対象家族1人につき，通算93日まで3回を上限に分割して取得できる。

　介護休業中は，休業開始前の賃金の67%に当たる介護休業給付を受けられる。ただし，育児休業とは異なり，社会保険料の免除はない。

ワーク・ライフ・バランス

　働き方を考えるキーワードとして近年よく耳にするのが，ワーク・ライフ・バランス（仕事と生活の調和）。これについては，関係大臣，経済界・労働界・自治体の代表などが集まった「官民トップ会議」が，「仕事と生活の調和憲章」と「行動指針」を定めている。

　憲章によると，仕事と生活の調和が実現した社会とは，①就労による経済的自立が可能，②健康で豊かな生活のための時間が確保できる，③多様な働き方・生き方が選択できる，という3つの条件を満たすこと。

　政府は，ワーク・ライフ・バランスを推進するため，「カエル！ジャパン」キャンペーンを展開している。シンボルマークはもちろん「蛙」だ。

● 育児・介護休業法

☐**育児・介護休業法**‥‥2021年の改正法は，①男性の育児休業取得を促すために「産後パパ育休」（出生時育児休業）を創設，②育児休業を取得しやすい雇用環境の整備と，妊娠・出産の申出をした労働者に対する個別の周知・意向確認を事業主に義務づけ，③育児休業は分割して2回まで取得可能，④従業員1000人超の大企業に対し，育児休業の取得状況の公表を義務づけ，⑤有期雇用労働者の育児・介護休業取得要件を緩和。

労働分野の重要法律

ここに注目 労働分野では法律の内容が出題されることもしばしば。試験に出そうな法律を一挙にまとめておこう！

□**雇用保険法等**‥‥2022年の改正法（改正職業安定法等を含む）は，①雇用保険の保険料率を改定，②失業等給付について，**雇用情勢等の状況に応じて国庫負担割合を変動させる仕組みや機動的な国庫繰入れ制度を導入**，③求人情報等について的確な表示を義務化，④求職者に関する情報を収集する「特定募集情報等提供事業者」に届出や事業概況報告を義務化，⑤募集情報等提供事業者に個人情報の保護や苦情処理体制の整備等を義務化。

2020年の改正法（改正高年齢者雇用安定法，改正労働施策総合推進法等を含む）は，①**65〜70歳の高年齢者就業確保措置をとることを企業の努力義務**と規定（定年引き上げ，継続雇用制度の導入，定年廃止，労使で同意したうえでの雇用以外の措置の導入のいずれか），②65〜70歳の高年齢者就業確保措置の導入に対する支援を雇用保険における雇用安定事業に位置づけ，③複数就業者の労災保険給付を拡充，④複数の企業に雇用される65歳以上の労働者に雇用保険を適用，⑤**大企業に中途採用比率の公表を義務づけ**，⑥育児休業給付を失業等給付の財政から独立して運営すると規定。

□**労働施策総合推進法等**‥‥2019年の改正法（改正男女雇用機会均等法や改正育児・介護休業法も含む）は，①国が取り組むべき施策にハラスメント対策を明記，②パワハラ（パワーハラスメント）の要件を規定，③**パワハラ防止のための雇用管理上の措置をとることを事業主に義務づけ**，④**パワハラやセクハラ等の相談をした労働者について解雇やその他の不利益取扱いを禁止**，⑤他の事業主からのセクハラ防止の措置義務の実施に関し必要な協力を求められた場合，事業主にそれに応じる努力義務を規定。

□**働き方改革関連法**‥‥2018年成立。①**時間外労働の上限を原則として月45時間，年360時間に規制**，②**1人1年当たり5日間の年次有給休暇の取得を義務づけ**，③**「勤務間インターバル」制度の導入を努力義務化**，④月60時間を超える残業に支払われる割増賃金率についての中小企業への猶予措置を廃止，⑤**「高度プロフェッショナル制度」を新設**（健康確保措置を義務化），⑥**非正規雇用労働者と正規雇用労働者の間の不合理な待遇差を解消するための規定**を整備，⑦非正規労働者に対する待遇の説明義務を強化，⑧行政による履行確保措置や裁判外紛争解決手続（行政ADR）を整備。

 # 労働の基礎問題

No. 1　日本の労働政策に関する次の記述のうち，妥当なのはどれか。

1　働き方改革関連法は，時間外労働の上限を原則として月60時間，年480時間と定めた。

2　働き方改革関連法は，10日以上の年次有給休暇が与えられる労働者に5日間の年次有給休暇を取得させることを企業に義務づけた。

3　働き方改革関連法は，「勤務間インターバル制度」の導入を企業に義務づけた。

4　厚労省が作成した「モデル就業規則」は，「労働者は，許可なく他の会社等の業務に従事しないこと」と定め，副業・兼業を原則禁止としている。

5　男女雇用機会均等法は，妊娠・出産等を理由とする解雇を禁止しているが，同じ理由による降格や減給までは禁止していない。

No. 2　育児・介護休業に関する次の記述のうち，妥当なのはどれか。

1　2021年度の育児休業取得率は，女性では90％を超えているが，男性では10％に満たない。

2　2020年に策定された新たな「少子化社会対策大綱」は，男性の育児休暇取得率を2025年までに50％にするとの数値目標を掲げている。

3　2021年の改正育児・介護休業法は，父親が子どもの出生後8週間以内に4週間まで取得できる育児休業の枠組みを創設した。

4　2021年の改正育児・介護休業法は，すべての事業主に対し，育児休業の取得状況についての公表を義務づけた。

5　介護休業を取得する労働者は，休業開始前の賃金に相当する介護休業給付を受けることができる。

No. 3　日本の労働統計に関する次の記述のうち，妥当なのはどれか。

1　役員を除く全雇用者に占める非正規雇用労働者の割合は近年上昇傾向にあり，2021年には過半数に達した。

2　学校卒業後にパートやアルバイトなどに従事するフリーターは，2021年には前年より増加し，その数は300万人を超えた。

3　2021年の労働者1人当たりの年間総実労働時間（事業所規模5人以上）は9年連続で増加し，2000時間を超えた。

4　1週間の就業時間が60時間以上の長時間労働に従事する雇用者(非農林)の割合は，2021年には10％台となった。

5　2021年の労働者1人当たりの平均年次有給休暇取得率は，50％を上回る水準となっている。

**正答と解説**

No. 1 ▷正答　2

1　働き方改革関連法が定めた時間外労働の上限は，原則として月45時間，年360時間である。

2　**正解！**　企業は，労働者の希望を聴き，それを踏まえて時季を指定し，年5日の年次有給休暇を取得させなければならない。

3　働き方改革関連法は，「勤務間インターバル制度」の導入を企業の努力義務とした（義務づけではない）。

4　2018年の改定で問題文にある規定は削除され，「労働者は，勤務時間外において，他の会社等の業務に従事することができる」との規定が設けられた（副業・兼業を原則認める）。

5　男女雇用機会均等法は，妊娠・出産等を理由とする解雇やその他の不利益取扱い（降格，減給，不利益な配置の変更など）を禁止している。

No. 2 ▷正答　3

1　2021年度の育児休業取得率は，女性が85.1％，男性が13.97％である。

2　「少子化社会対策大綱」が掲げているのは，男性の育児休暇取得率を2025年までに30％にすることである。

3　**正解！**　厚労省は「産後パパ育休」と呼んでいる。分割して2回取得できる。

4　育児休業の取得状況の公表が義務づけられたのは，従業員1000人超の大企業である。

5　介護休業では，休業開始前の賃金の67％に当たる介護休業給付が受けられる。

No. 3 ▷正答　5

1　非正規雇用労働者の割合は2021年で約4割である。

2　2021年のフリーター数は前年より1万人増加し，137万人となった。

3　2021年の労働者1人当たりの年間総実労働時間は1633時間となり，9年ぶりに増加した。

4　1週間の就業時間が60時間以上の長時間労働に従事する雇用者（非農林）の割合は，2021年には5.0％だった。

5　**正解！**　年次有給休暇取得率は，2017年に5割を上回るようになり，2021年には過去最高の58.3％となった。

CHAPTER 8 労働

労働の予想問題

No. 4 日本の労働統計に関する次の記述のうち，妥当なのはどれか。

1 　非正規雇用労働者は，2021年には２年連続で減少し，2075万人となった。非正規雇用を選んだ理由として「正規の仕事がないから」を挙げた者（不本意非正規）の比率は，2021年には１割程度だった。

2 　女性の年齢階級別労働力率を折れ線グラフに描くとM字カーブになる。結婚や子育てをしている女性雇用者は離職が容易な非正規雇用を選びやすく，近年はそのカーブの落ち込みがより深くなっている。

3 　15 ～ 24歳層の完全失業率は2021年に大幅に低下し，年平均で２％台となった。一方，2022年３月卒業の新卒者の就職内定率は，大学卒では４月１日時点で前年同期よりやや上昇して約86％となった。

4 　2021年６月時点の民間企業における障害者の雇用者数は18年連続で過去最多を更新した。障害者の実雇用率も10年連続で過去最高を更新し，障害者雇用促進法が定める法定雇用率を初めて上回った。

5 　日本では，ドイツやフランスといった欧州主要国に比べ，雇用者１人当たりの年間労働時間が短く，また週49時間以上働いている労働者の割合も低くなっている。

No. 5 日本の労働法制に関する次の記述のうち，妥当なのはどれか。

1 　2020年の改正雇用保険法等（改正高年齢者雇用安定法）は，事業主に対し，65 ～ 70歳の高年者雇用確保措置として，70歳までの定年引き上げか定年廃止のどちらかの措置をとることを義務づけた。

2 　2020年の改正雇用保険法等（改正労働施策総合推進法）は，大企業（従業員301人以上）に対し，正規雇用労働者の中途採用・経験者採用の比率の公表を義務づけた。

3 　2021年の改正育児・介護休業法は，有期雇用労働者について定められていた２つの育児休業取得要件を撤廃し，無期雇用労働者と同様の取扱いとすると定めた。

4 　2022年の改正雇用保険法等は，将来にわたって雇用保険財政を安定化させるため，失業等給付にかかわる国庫負担率を原則として「４分の１」から「２分の１」に引き上げると定めた。

5 　2022年の改正職業安定法は，インターネット上の公開情報等から求人情報を収集して提供する募集情報等提供事業者に対し，事前の届出や事業の概況報告を義務づけた。

正答と解説

No. 4 ▷正答　1

1　**正解！**　政府は，働き方改革関連法の施行によって非正規雇用労働者の待遇改善を図り，不本意非正規の比率を低下させるとしている。

2　近年は，結婚・出産後も仕事を続ける女性が増えてきたことを背景に，M字カーブは浅くなり，台形に近づきつつある。女性の年齢階級別労働力率は，欧米諸国では台形を描く。

3　15 〜 24歳層の完全失業率は4.6％（前年と同水準）であり，2％台ではない。また，2022年3月大学卒業予定者の4月1日時点での就職内定率は95.8％となり，前年より低下した。

4　民間企業の実雇用率は10年連続で過去最高を更新して2.20％となったが，法定雇用率（2.3％）には及ばなかった。障害者の雇用者数が18年連続で過去最多を更新した，との記述は正しい。

5　日本の年間労働時間はドイツやフランスに比べて長い。また週49時間以上働いている労働者の割合も高い。2021年は，日本が15.1％（男性は21.7％）で，ドイツは5.7％（同8.3％），フランスは8.5％（同11.7％）だった。

No. 5 ▷正答　2

1　改正法は，65 〜 70歳の高年齢者就業確保措置として，①70歳までの定年引き上げ，②70歳までの「継続雇用制度」の導入，③定年廃止，④労使で同意した上での「雇用以外の措置」の導入，のいずれかをとることを事業主の努力義務とした。

2　**正解！**　従業員規模が大きいほど中途採用比率が低くなっている状況を踏まえ，大企業に中途採用比率の公表を義務づけた。中途採用を希望する労働者と企業のマッチングを促進するのがねらい。

3　改正法が定めたのは取得要件の緩和である。具体的には，「引き続き雇用された期間が1年以上」「子どもが1歳6ヶ月までの間に契約が満了することが明らかでない」の2つの要件のうち，前者を撤廃した（後者の要件は残存）。

4　改正法は，失業等給付にかかわる国庫負担率については，雇用情勢や雇用保険の財政状況に応じて変動させる仕組み（悪化している場合は4分の1，悪化していない場合は40分の1とする）を導入した。さらに別枠で機動的に国庫からの繰入れができる新たな制度も導入した。

5　改正法が事前の届出や事業の概況報告を義務づけたのは，求職者情報を収集する募集情報等提供事業者（特定募集情報等提供事業者）である。

● 過去問研究

「科学技術」は時事の大黒柱

　国家公務員試験の基礎能力試験の時事の出題は３問。理系受験者もいるためか，そのうちの１問はしばしば**科学から出題**されてきた。

　時事がある試験だけではない。ありとあらゆる試験で，科学関連の時事問題は出題されている。科目は教養社会や社会事情が多いが，教養の自然科学で時事関連の選択肢が出たこともあった。いずれにせよ，公務員試験の時事で**科学は非常に高い頻度で登場しうるテーマ**だと思うべきだ。

　出題の内容は多岐にわたる。５つの選択肢がそれぞれ別の科学分野から選ばれることもある。科学的発見や最新技術の話ばかりではない。時事にからめて科学の基礎知識を問うような問題が出ることもある。

　出題が多いのは**宇宙開発**。令和４年度の国家総合職で「はやぶさ２」が取り上げられたほか，国家一般職［大卒］の時事では元年度にイプシロンロケットが，４年度にはアメリカの民間宇宙事業が選択肢の１つに登場した。

　また近年，**情報科学関連**の出題も頻出度がアップ。スパコンの「富岳」は，令和３年度の国家総合職に続き，４年度の国家総合職（教養区分），国家一般職［大卒］などで選択肢に登場。今後は「量子コンピュータ」に注意が必要だ。

「教育」では改革の方向性に注意

　教育については，学習指導要領の改訂や高大接続改革が進行中。2021年には大学入学共通テストも始まった。話題は目白押しだ。

　事実，**文部行政の出題頻度は高まっている**。国家一般職［大卒］では令和２年度と４年度に「わが国の教育等」についての出題があったし，元年度の国家専門職［大卒］や４年度の国家公務員就職氷河期世代試験では選択肢に学習指導要領が登場した。まだしばらく注意が必要だ。

科学や文化は話題性！

　科学や文化の場合，話題性があるものは公務員試験に取り上げられやすい。科学ではノーベル賞，文化では世界遺産がその代表だ。

　事実，令和２年度は特別区［Ⅰ類］と国家総合職（教養区分）が吉野彰氏のノーベル化学賞受賞についての問題を出した。

　世界遺産については，元年度の国家総合職が出題。３年度の警視庁警察官［Ⅰ類］は日本の世界遺産のなかから無形文化遺産を選ぶ問題を出した。４年度は特別区［Ⅰ類］が出題。登録されたばかりの北海道・東北の縄文遺跡群の内容が問われた。

スポーツと部活動

ここに注目　新しいスポーツ基本計画はスポーツによる経済成長や地域活性化を重視。スポーツ教育の在り方も再検討！

● スポーツ政策

□**スポーツ庁**‥‥2015年に発足した**文部科学省の外局**。学校体育やスポーツ選手の強化などのスポーツ政策を総合的に推進することに加え，スポーツによる国民の健康増進や障害者スポーツも担当する。

□**スポーツ基本法**‥‥**スポーツに関する基本法**。憲法13条の幸福追求権の考え方をスポーツに反映させ，「スポーツを通じて幸福で豊かな生活を営むことは，すべての人々の権利」であるとの**スポーツ権**を明記した。また，「スポーツは，心身の健康の保持増進にも重要な役割を果たすものであり，健康で活力に満ちた長寿社会の実現に不可欠」として，スポーツを通じた健康寿命の延伸を図るとしている。

□**スポーツ基本計画**‥‥スポーツ基本法に基づき５年ごとに策定。**第３期スポーツ基本計画**（2022〜2026年度）は，東京オリンピック・パラリンピックのレガシーの発展を重視し，国際競技力のさらなる向上やスポーツを通じた共生社会の実現を掲げた。数値目標では，成人の週１回以上のスポーツ実施率を70％に引き上げることを明示。スポーツの成長産業化については，スポーツ市場を15兆円に拡大することを目指すとした。

● 部活動改革

□**運動部活動のガイドライン**‥‥スポーツ庁が2018年に策定した中学校と高等学校の**運動部の活動時間の指針**。１日の活動時間（平日２時間，休日３時間）や１週間の休養日数（週２日以上）などを定める。

□**部活動指導員**‥‥教員の代わりに**顧問**として部活動を担当する専門性を持った外部指導員。文科省予算で配置される。

□**部活動改革**‥‥2023年度から**休日の部活動は段階的に地域に移行**。地域人材の協力でよりよい部活動の実現を図る。教師にとっては長時間労働の是正につながる。

 スポーツの日

身体教育を意味する「体育」は「スポーツ」へ名称変更。「体育の日」は2020年から「スポーツの日」になった。「国民体育大会」も2023年から「国民スポーツ大会」に変更される。

CHAPTER **9** 文部科学

ノーベル賞

ここに注目 科学技術分野の話題として重視は当然。近年の日本人ノーベル賞受賞者の業績を一気に復習！

● 物理学賞と化学賞

☐ **ニュートリノ**‥‥物質を構成する素粒子の１つ。ニュートリノを世界で初めて観測した小柴昌俊氏が2002年にノーベル物理学賞を受賞。さらに，2015年には「**ニュートリノ振動の発見**」で梶田隆章氏が同賞を受賞した。

☐ **青色発光ダイオード（青色LED）**‥‥製造法の確立により2014年に赤崎勇，天野浩，中村修二の３氏が物理学賞を受賞。青色LEDがあれば白色LEDがつくれるため，**LEDの実用化と普及**に大いに貢献したと評価されている。

☐ **リチウムイオン電池**‥‥**小型軽量のわりに出力が大きく，しかも寿命が長くて再充電可能な電池**。スマホ，ノートパソコン，電気自動車などで広く利用され，今や日常生活に不可欠なものとなっている。2019年の化学賞は，このリチウムイオン電池を開発した吉野彰氏（ほか２名）が受賞した。

☐ **気候変動モデル**‥‥**大気や海洋の気候変動に関する物理モデル**。これにより地球温暖化を予測した真鍋淑郎氏らに2021年の物理学賞が授与された。

● 生理学・医学賞

☐ **iPS細胞（人工多能性幹細胞）**‥‥人体の特定部分に分化し成熟した細胞を遺伝子操作によって初期化し，**再び人体のあらゆる部分へと成長可能な状態にした「万能細胞」**。山中伸弥氏が2007年にヒトでの作製に初めて成功し，2012年に生理学・医学賞を受賞した。

☐ **アベルメクチン**‥‥土壌中の放線菌から産出される化合物。この発見とこれをもとに**寄生虫感染症に有効な抗生物質**をつくり出した功績により，2015年，大村智氏に生理学・医学賞が与えられた。

☐ **オートファジー（自食作用）**‥‥**タンパク質を自らの細胞内で分解する仕組み**で，細胞内のリサイクル・メカニズムを担っているとされる。オートファジーを促す遺伝子を特定するなど，この現象の解明に寄与したとして，2016年，大隅良典氏が生理学・医学賞を受賞した。

☐ **がん免疫療法**‥‥薬を使ってがん細胞に免疫の働きを阻止させないようにし，**免疫の力を増強してがん細胞をなくしていく治療法**。この治療法を開発した本庶佑氏には2018年の生理学・医学賞が授与された。

日本の科学技術政策

 **ここに注目** 科学技術の時事対策でも大事なのは政府の政策指針の確認。宇宙についても，まずは基本計画！

● 科学技術の基本政策

□**科学技術・イノベーション基本法**‥‥
2020年成立。25年ぶりに「科学技術基本法」を改正し，**名称に「イノベーション」を加えた**。法的・倫理的課題の解決などを念頭に，振興対象に人文科学を追加。「科学技術・イノベーション推進事務局」を内閣府に設置することも定めた。

 Society 5.0

狩猟社会，農耕社会，工業社会，情報社会に続く「超スマート社会」。サイバー空間とフィジカル空間が高度に融合し，経済的発展と社会的課題の解決がともに進み，人々が快適で活力に満ちた質の高い生活を送ることができる人間中心の社会になるとされる。

□**科学技術・イノベーション基本計画**‥‥2021年度から5年間の科学技術に関する国家戦略。ポストコロナ時代を見据え，**Society 5.0の具体化による社会のリデザインを前面に掲げた**。また，感染症，災害，安全保障といった社会課題の解決にも科学技術・イノベーションを役立てるとした。

□**ムーンショット型研究開発制度**‥‥2020年，政府は，**従来技術の延長にない大胆な発想に基づく挑戦的な研究開発**（ムーンショット型研究開発）の支援を制度化。「人と共生するロボット」の実現など7つの目標を定め，長期的視野に立って，日本発の破壊的イノベーションの創出を目指す。

● 各科学分野の基本政策

□**宇宙基本計画**‥‥宇宙基本法に基づき，定期的に定められる**日本の宇宙政策の基本方針**。2020年の改定基本計画は，安全保障における宇宙空間の重要性の高まりや社会の宇宙システムへの依存度の高まりを指摘。日本の宇宙政策は，基盤強化と利用拡大の好循環により「**自立した宇宙利用大国**」の実現を目指すとした。

□**バイオ戦略**‥‥2019年策定（2020年一部改訂）。2030年までの**世界最先端のバイオエコノミー社会**の実現を掲げる。再生医療・遺伝子治療を支援し，バイオ素材・バイオプラスチックなどの開発を進める。

□**量子未来社会ビジョン**‥‥2022年策定。量子主要3分野（量子コンピュータ，量子暗号通信，量子計測・センシング）の開発と事業化を支援する。

話題の科学技術用語

話題のデジタル関連用語と宇宙開発関連用語を一気に整理。5択に登場しそうな関連用語も含め，幅広く学習！

● デジタル関連

□ **5G**‥‥**第5世代移動通信システム**。日本では2020年から本格展開。超高速（4Gの100倍の速さで通信が可能），超低遅延（タイムラグを意識せずに遠隔操作が可能），多数同時接続（膨大な数の端末やセンサーへの同時アクセスが可能）が特徴。携帯電話・携帯端末での情報通信だけでなく，**IoT（モノのインターネット）時代の産業用通信システム**としても期待されている。

□ **DX**‥‥**デジタルトランスフォーメーション**。デジタル技術を活用してビジネスモデル，組織の在り方，働き方などを変革（トランスフォーム）すること。業務の効率化を目指すだけの「デジタル化」と異なり，人間生活や社会構造をも視野に入れた改革を目指す。

□ **データ駆動型科学**‥‥仮説を立てて検証するのではなく，**大量のデータ解析から真理を探究する研究手法**。同様に，「データ駆動型社会」は，大量のデータ解析から経済の活性化策や社会問題の解決策を見出すことを意味する。

□ **富岳**‥‥**日本のスーパーコンピュータ**。2020年から5期連続で性能ランキング世界一を獲得した。2021年から共用が始まり，早速，感染症対策に役立つ飛沫の飛散シミュレーションなどに利用された。

□ **量子コンピュータ**‥‥**量子が持つ性質を使って高速計算を行う新しいタイプのコンピュータ**。すでに実用化段階に入っている。演算の継続により発生する量子的な誤りを直しながら，さらに高い精度で計算を実行する「誤り耐性型汎用量子コンピュータ」の開発も進められている。

□ **ブロックチェーン**‥‥ネットワーク上にある端末同士を直接接続し，**分散的に取引記録を保管するデータベース**。独特の暗号技術で改ざん困難なデータ処理ができることから，**暗号資産（仮想通貨）の基盤技術**となっている。

□ **NFT（Non-Fungible Token）**‥‥**非代替性トークン**。簡単にコピーできるデジタルデータと違って，唯一無二であることを示す鑑定書や所有証明書つきのデジタルデータ。デジタルアートの取引などで利用されている。

□ **メタバース**‥‥**インターネット上に置かれた3次元の仮想空間**。アバターを使って多くの人が同時に同じ仮想空間で活動できる。

●宇宙開発関連

□H3ロケット‥‥日本の最新大型ロケット。2023年2月に1号機（試験機）の打ち上げを予定。特徴は利用用途に対応できる柔軟性と価格の低さ。

　　H－ⅡBロケットと無人補給機（HTV：こうのとり）を使って日本が行ってきた国際宇宙ステーションへの物資輸送は，2023年以降，H3ロケットと現在開発中の「HTV－X」によって実施されることになる。

□イプシロンロケット‥‥日本の小型ロケット。増大が見込まれる宇宙のビジネス利用に対応できる優れた運用コストが特徴。残念ながら，2022年10月の6号機の打ち上げは失敗に終わった。

□クルードラゴン‥‥アメリカの民間企業「スペースX」が開発した有人宇宙船。2020年から国際宇宙ステーションへの送迎に利用されている。日本人宇宙飛行士では，2020年には野口聡一氏が，2021年には星出彰彦氏が，2022年には若田光一氏が利用した。

□小型月着陸実証機（SLIM）‥‥月面着陸を目指す日本初の探査機。小型・軽量で，降りたいところに降りるピンポイント着陸ができる。2023年度に打ち上げられる予定。

□Gateway‥‥NASA（アメリカ航空宇宙局）が主導し，日本を含む多国間協力で建設する月周回有人拠点。月面や火星に向けた中継基地として利用される。建設開始は2024年を予定。

□アルテミス計画‥‥アメリカ政府が進める月面探査・開発プログラム。日本も参加する。持続的な活動拠点を月面に建設し，火星有人探査を含む将来の宇宙開発での利用を目指す。

□だいち‥‥先進光学衛星。地球の全陸域を継続的に観測し，国土管理や災害状況把握などで活用される。2023年に3号機を打ち上げる予定。

□いぶき‥‥温室効果ガス観測技術衛星。気候変動対策への貢献が期待されている。2018年，高性能センサーを搭載した2号機が打ち上げられた。

□みちびき‥‥高精度の衛星測位サービスに活用される準天頂衛星。2018年から4機体制でサービスを開始した。2023年度から7機体制の構築が進められる。

はやぶさ2

　2014年に打ち上げられた日本の小惑星探査機。2019年にはリュウグウと名付けられた小惑星に着地し，土壌サンプルを採取した。2019年12月にリュウグウを出発。2020年12月には，土壌サンプルの入ったカプセルを地球に届けることに成功した。

　これまでの土壌分析からはアミノ酸や炭酸水が見つかっており，「小惑星が地球にもたらした有機物や水分が生命誕生につながった」とする学説の有力な証拠となる可能性がある。

改革が進む日本の教育

教育改革が義務教育でも高校・大学教育でも進んでいる。新たな教育行政の方向性をしっかりつかんでおこう！

● 教育行政の基本政策

□**令和の日本型学校教育**‥‥2021年，中央教育審議会（中教審）は「**令和の日本型学校教育**」の構築を目指して（答申）を決定。子どもたちの多様化，生徒の学習意欲の低下，教師の長時間労働，情報化への対応の遅れ，少子化・人口減少の影響，感染症への対応など，学校教育が課題に直面していることを認めたうえで，「令和の日本型学校教育」を提唱した。

　授業の在り方については，「全ての子供たちの可能性を引き出す，**個別最適な学びと，協働的な学びの実現**」を図るべきであるとした。教員の役割については，子どもの「主体的な学びを支援する伴走者」と描写し，家庭や地域と連携しながら学校運営に当たるチームの一員としての責務を求めた。

□**ポストコロナ期における新たな学び**‥‥2021年，教育再生実行会議（当時）が提言。「データ駆動型の教育への転換」を重視し，オンライン教育用のリソースの充実などを求めた。

□**教育振興基本計画**‥‥**教育振興に関する国家戦略**。第3期基本計画（2018〜2022年度）は2030年以降の社会の変化を見据えて策定。基本方針には子どもたちに対する教育の充実に加え，人生100年時代における学びの機会の保障などを掲げた。新基本計画は2023年前半に閣議決定の予定。

● 初等・中等教育

□**新学習指導要領**‥‥文部科学省が定める新たな**教育課程の基準**。2020年度に小学校，2021年度に中学校，2022年度に高等学校で全面実施された。小中高に共通の「育成を目指す資質」には，知識・技能の修得，思考力・判断力・表現力などの訓練のほかに「学びに向かう力や人間性など」の涵養を追加。また，教育過程の改善では「主体的・対話的で深い学び（アクティブ・ラーニング）」を重視するとした。

GIGA スクール

　2019年，文科省はGIGAスクール実現推進本部を設置。義務教育段階における「1人1台端末」と，小中高校における高速通信環境の整備を柱とする「GIGAスクール構想」を打ち出した。端末の配布進展により，2021年度からは「1人1台端末」環境下での新しい学びがスタートした。

- □**外国語教育**‥‥新学習指導要領では，小学校における「外国語活動」を 3 年生から開始。教科としての英語は 5 年生から教えることとなった。
- □**全国学力・学習状況調査**‥‥**教育の成果を確認し，その改善を図るための調査**。毎年すべての小学 6 年生と中学 3 年生を対象に実施されている。2022年は国語，算数・数学，理科について実施。新学習指導要領に基づく理科の探究学習問題や算数・数学のデータ活用問題で正答率が低く，課題を残した。
- □**PISA**‥‥OECD（経済協力開発機構）が 3 年ごとに行っている**15歳時点の学習到達度の国際比較調査**。2018年調査で日本は，科学的リテラシーでは世界第 5 位，読解力では第15位，数学的リテラシーでは第 6 位だった。コロナ禍で実施が遅れた2022年調査の結果は2023年後半に発表される。
- □**義務教育学校**‥‥**既存の小中学校を再編成し，小中一貫教育を行う学校**。2016年度から実施。前期課程（小学校段階）と後期課程（中学校段階）に分かれるが，授業時間，学校行事，校則，部活動などを統一できる。教職員組織も 1 つで，1 人の校長のもとで教育に当たる。

● 高等教育

- □**高大接続改革**‥‥**高校教育，大学教育，大学入試の 3 つの一体的改革**。「知識・技能」だけでなく，「思考力・判断力・表現力」を重視し，「主体性をもって学ぶ態度」の育成を図る。
- □**大学入学共通テスト**‥‥大学入試センター試験に代わり**2020年度に導入された新しい大学入試テスト**。英語民間試験の活用と記述式問題の出題については批判が多く，2021年に実施しないことが決まった。
- □**専門職大学**‥‥**実践的な職業教育を行う新たなタイプの大学・短大**。長期のインターンシップなどを含め，卒業に必要な単位の 3 ～ 4 割以上が実習や演習科目であるのが特徴。2019年度に誕生。
- □**指定国立大学**‥‥**世界最高水準の研究・教育体制の確立などを目指す国立大学を文科大臣が指定**。人事ならびに財政について規制を緩和する。これにより，海外の優秀な人材に高額の給与を支払ったり，研究成果を活用する企業に出資したりできる。2017年度から実施。
- □**2040年に向けた高等教育のグランドデザイン**‥‥高等教育に関する2018年の**中教審の答申**。「多様性と柔軟性」をキーワードに，教員では実務経験者などを，学生については留学生や社会人の積極的受入れを提案した。
- □**教育未来創造会議**‥‥岸田首相が2021年12月に創設。高等教育の在り方や教育と社会の接続について集中的に議論する。第一次提言「**我が国の未来をけん引する大学等と社会の在り方について**」には，理系人材不足への対応強化やリカレント教育の促進などが盛り込まれた。

文化政策と世界遺産

ここに注目 今や文化政策は日本の活性化に不可欠。毎年のように増え続ける日本の世界遺産も一気に整理！

● 文化政策

□**文化芸術基本法**‥‥文化芸術振興基本法を改正し，2017年に施行。特徴は，観光・まちづくり，国際交流，福祉，教育，産業などの**関連分野と連携して文化芸術を推進する**とした点。食文化の振興，芸術祭の開催支援，高齢者・障害者の創造的活動の支援なども明記された。

□**文化芸術推進基本計画**‥‥文化芸術基本法に基づき策定。第1期基本計画（2018〜2022年度）は5年間に実施する文化芸術政策の方向性と170の具体策を定めた。今後の文化行政では，**文化芸術の「多様な価値」を活用する**と強調。本質的価値に加え，社会的・経済的価値も重視する。効果的な投資とイノベーションの実現によって**文化芸術産業の経済規模＝「文化GDP」**を高めるとの目標も設定。日本の国家ブランディングにも貢献する。

□**文化財保護法等**‥‥2021年の改正法は，無形文化財・無形民俗文化財に登録制度を創設。祭りなど無形の文化財の保護を強化した。

□**文化観光推進法**‥‥2020年成立。文化財の観覧や文化体験などができる「**文化観光」の普及**に向け，文化施設の整備などを進める。

□**国立アイヌ民族博物館**‥‥北海道白老町の「**民族共生象徴空間（ウポポイ）」**の中核施設。2020年オープン。

□**博物館法**‥‥2022年改正。自治体施設などに限定されていた**博物館登録制度の対象を民間施設にも拡大。**デジタル化や文化観光での活用を支援する。

● 世界遺産

□**世界遺産**‥‥**人類が残すべき普遍的価値がある地域や建造物など。**世界遺産条約に基づき，UNESCO（国連教育科学文化機関）がリストを作成。自然遺産，文化遺産，複合遺産の3種があり，日本からは自然遺産5件と文化遺産20件が登録されている。

無形文化遺産

芸能，慣習，祭礼，工芸などの保護を目的にUNESCOが登録する。

日本からは能楽や歌舞伎のほか，和食（2013年）や和紙（2014年）も登録。その後，2016年には「山・鉾・屋台行事」が，2018年にはナマハゲなどの「来訪神」，2020年には茅葺きなどの「伝統建築工匠の技」，2022年には日本各地の盆踊りなどが「風流踊」として登録された。

□**長崎と天草地方の潜伏キリシタン関連遺産**‥‥2018年に世界文化遺産に登録。17世紀から19世紀のおよそ250年に及ぶ禁教時代にもキリスト教の信仰をひそかに守り，禁教が終わった後にカトリック教会に戻った「**潜伏キリシタン**」に関連する12の遺産から構成されている。大浦天主堂（長崎市）や，島原の乱の舞台となった原城跡（長崎県南島原市）も指定された。

□**百舌鳥・古市古墳群**‥‥2019年に世界文化遺産に登録。仁徳天皇陵（大阪府堺市）をはじめとする**4世紀後半から5世紀後半にかけてつくられた49基の古墳で構成**。多様な大きさと形を持ち，全体として当時の社会政治構造を物語っている。

□**奄美大島，徳之島，沖縄島北部及び西表島**‥‥2021年，それぞれの島の一部地域が世界自然遺産に登録。指定地域がある琉球列島の中部・南部は，大陸からの分離・孤立によって特異的な生物進化が進んだ地域で，**希少性の高い生物多様性**が見られる。アマミノクロウサギ，ヤンバルクイナ，イリオモテヤマネコなど，絶滅危惧種も多く生息している。

□**北海道・北東北の縄文遺跡群**‥‥2021年，縄文文化を表す17遺跡が世界文化遺産に登録。**採集・漁労・狩猟を基盤とした独特の定住生活**を長期にわたり維持発展させてきたことが高く評価された。登録遺跡には，縄文時代の大規模集落の跡地である三内丸山遺跡（青森市）や「秋田のストーンサークル」として知られる大湯環状列石（秋田県鹿角市）が含まれている。

日本の世界遺産

年	区分	名称
1993	文化	法隆寺地域の仏教建造物
1993	文化	姫路城
1993	自然	屋久島
1993	自然	白神山地
1994	文化	古都京都の文化財
1995	文化	白川郷・五箇山の合掌造り集落
1996	文化	原爆ドーム
1996	文化	厳島神社
1998	文化	古都奈良の文化財
1999	文化	日光の社寺
2000	文化	琉球王国のグスク及び関連遺産群
2004	文化	紀伊山地の霊場と参詣道
2005	自然	知床
2007	文化	石見銀山遺跡とその文化的景観
2011	自然	小笠原諸島
2011	文化	平泉－仏国土（浄土）を表す建築・庭園及び考古学的遺跡群－
2013	文化	富士山－信仰の対象と芸術の源泉－
2014	文化	富岡製糸場と絹産業遺産群
2015	文化	明治日本の産業革命遺産　製鉄・製鋼，造船，石炭産業
2016	文化	ル・コルビュジエの建築作品－近代建築運動への顕著な貢献－
2017	文化	「神宿る島」宗像・沖ノ島と関連遺産群
2018	文化	長崎と天草地方の潜伏キリシタン関連遺産
2019	文化	百舌鳥・古市古墳群－古代日本の墳墓群－
2021	自然	奄美大島，徳之島，沖縄島北部及び西表島
2021	文化	北海道・北東北の縄文遺跡群

 **文部科学の基礎問題**

No. 1　2022年度からの「第3期スポーツ基本計画」に関する次の記述のうち, 妥当なのはどれか。
1　スポーツとのかかわり方について, 「みる」から「する」への移行を強調した。
2　成人の週1回以上のスポーツ実施率について「70%に引き上げる」との数値目標を掲げた。
3　女性の意見を反映させるため, スポーツ団体の女性理事の割合を25%以上にすることを盛り込んだ。
4　スポーツの成長産業化も重視されたが, 市場規模についての具体的数値目標は示されなかった。
5　東京オリパラ大会のレガシーとして, 東京でのスポーツイベントの開催増加に期待を寄せた。

No. 2　教育用語に関する次の記述のうち, 妥当なのはどれか。
1　「アクティブ・ラーニング」とは, 心身の同時成長を目指し, 体を動かしながら知識の習得を図る学習法である。
2　「リカレント教育」とは, 違う教員によって行われる同一内容の繰り返し学習のことで, 小学校教育での導入が検討されている。
3　「教員免許更新制」は, 教員の資質・能力の維持をねらいに導入されたが, 教師の負担が大きいことから, 2022年7月に廃止された。
4　「高大接続改革」は, 高校教育, 大学教育, 大学院教育の3つの一体的改革である。
5　「専門職大学」の受験資格は高等専門学校卒業生に限られる。

No. 3　宇宙技術に関する次の記述のうち, 妥当なのはどれか。
1　国際宇宙ステーションへの物資輸送を担う無人補給機は, 2020年まで, 9回にわたって日本の大型ロケット「H3」により打ち上げられてきた。
2　先進光学衛星「いぶき」は, 地球の全陸域を継続的に観測し, 国土管理や災害状況把握などに寄与する。
3　小惑星探査機「はやぶさ2」は小惑星「リュウグウ」に着地し, 土壌サンプルを採取して, 2020年に地球に届けた。
4　アメリカは, 月周回有人拠点「アルテミス」の建設を2024年に始める。
5　日本初の月面着陸を目指す「Gateway」は小型・軽量で, ピンポイント着陸ができる。

 正答と解説

No. 1 ▷正答 **2**

1　基本計画は, スポーツとのかかわり方について新たに「つくる／はぐくむ」を追加し, 新しい方法・ルールの創出を重視する姿勢を示した。「みる」から「する」への移行などは主張していない。

2　**正解!**　ちなみに2021年は56.4％だった。

3　基本計画には「40％に近づける」ことが明記された。

4　スポーツ市場の規模については, 15兆円への拡大を目指すとの数値目標が示された。

5　東京オリパラ大会のレガシーとして期待されたのは, 各地での「スポーツによる地方創生・まちづくり」の加速化である。東京限定ではない。

No. 2 ▷正答 **3**

1　アクティブ・ラーニングは, 主体的・対話的で深い学びである。一方的な講義形式ではなく, グループ活動や討論などを通じて実践する。

2　「リカレント教育」とは社会人の学び直しのことである。

3　**正解!**　10年ごとの免許更新時の「30時間以上の免許状更新講習」は, 自主的な研修を教育委員会が記録管理する制度に改められた。

4　高大接続改革は, 高校教育, 大学教育, 大学入試の一体的改革である。

5　専門職大学と高等専門学校に特別な関係はない。一般の大学同様, 高校卒業等の要件を満たせば専門職大学を受験できる。

No. 3 ▷正答 **3**

1　9回の打ち上げを担ってきたのは「H−ⅡB」ロケットである。なお, H3ロケットは, 2023年2月に1号機（試験機）の打ち上げを予定している。

2　先進光学衛星は「だいち」で, 2023年に3号機が打ち上げられる。「いぶき」は温室効果ガス観測技術衛星で, 2018年に2号機が打ち上げられた。

3　**正解!**　はやぶさ2は, サンプル入りカプセルを地球に向けて投下した後, 次の小惑星探査に向かって飛行を続けている。

4　月周回有人拠点の名前は「Gateway」で, 多国間協力での建設が予定されている。一方,「アルテミス」は月面に建設される持続的活動拠点の名称である。日本はどちらにも参加する。

5　日本の小型月着陸実証機は「Gateway」ではなく,「SLIM」である。

No. 4　教育行政に関する次の記述のうち，妥当なのはどれか。

1　2021年，中央教育審議会は答申「令和の日本型学校教育」で，従来の「協働的な学び」を重視する姿勢を改め，今後の学校教育は「個別最適な学び」に力点を移すべきであるとした。

2　2018年，中央教育審議会は答申「2040年に向けた高等教育のグランドデザイン」で，大学教員については教員免許が不要であるため実務家や外国人などが増えすぎていると指摘し，その是正を提言した。

3　岸田内閣が創設した「教育未来創造会議」は，大学等と社会の在り方に関する2022年5月の第一次提言で，自然科学分野を専攻する学生の割合を全体の3分の1程度にまで高めるべきだと述べた。

4　「教育未来創造会議」の第一次提言では，日本の発展に貢献できる高度専門人材の育成が急務とされ，そのためには高校の初期段階で生徒に文理の選択を求め，理系学部への進学を促す必要があるとした。

5　文科省は部活動について「必ずしも教師が担う必要のない業務」との認識を明確化しており，休日に部活動の指導をしなくてよくなる社会環境の整備が，2023年度から全国で進められる。

No. 5　教育に関する次の記述のうち，妥当なのはどれか。

1　2020年度から小中高校で順次導入された新学習指導要領は，知識社会時代に対応できる知識・技能の修得を重視し，育成を目指す資質から「学びに向かう力や人間性」を割愛した。

2　新学習指導要領は，情報活用能力を算数・数学で育成することとし，特に中学校においては「プログラミングと情報セキュリティ」を数学の学習単元に加えた。

3　「GIGAスクール構想」によって，すべての児童生徒への「1人1台端末」とすべての家庭での「高速通信環境」の整備が進み，文科省は2021年を「GIGAスクール元年」と位置づけて，新しい学びをスタートさせた。

4　新学習指導要領は小学校における外国語教育を拡充し，1年生から英語に親しむための「外国語活動」を行い，3年生から教科としての英語を教え始めることとした。

5　新学習指導要領は，小中高校を通じて公共意識の醸成を重視し，主権者教育，消費者教育，防災教育などを充実させた。また，高校については新科目「公共」を追加した。

 正答と解説

No. 4 ▷正答　5

1　「令和の日本型学校教育」は，授業の在り方を「全ての子供たちの可能性を引き出す，個別最適な学びと，協働的な学びの実現」と表現した。協働的な学びを重視しなくなったわけではない。

2　答申は高等教育に多様性と柔軟性をもたらすことの重要性を強調し，実務家や外国人など多様な教員の登用を推奨した。ちなみに，学生についても「18歳中心主義」から脱却し，留学生や社会人を積極的に受け入れる必要があるとした。

3　現状の35％から5割程度に高めるとした。併せて，理系の女子学生を男子と同程度にまで増加させるとした。

4　提言は，理系離れが早期に決定づけられることを危惧し，高校初期での文理分断教育をやめることや，文理の枠にとらわれない大学の学部・学科の再編の必要性などを指摘した。

5　**正解！**　休日の部活動は段階的に地域に移行させ，子どもたちの指導に意欲を有する地域人材の協力を得て，よりよい部活動の実現を図る。休日の部活動指導を希望する教師は「兼職兼業の許可」が必要になる。

No. 5 ▷正答　5

1　新学習指導要領は，育成を目指す資質について，「学びに向かう力や人間性」を新たに加えた。

2　新学習指導要領は，情報活用能力を言語能力と同様に「学習の基盤となる資質・能力」と位置づけ，算数・数学にとどまらず，教科横断的に育成するとした。また，中学校では「プログラミングと情報セキュリティ」を技術・家庭科（技術分野）で学ぶ。

3　GIGAスクール構想は，義務教育段階における「1人1台端末」と小中高校における「高速通信環境」の整備が柱である。各家庭に高速通信環境を整備するものではない。

4　「外国語活動」は3年生から，教科としての英語を教え始めるのは5年生からである。なお，外国語教育の領域は，「聞く」「話す」「読む」「書く」の4つだったが，今回の改訂で「話す」が「話す（やり取り）」と「話す（発表）」の2つに分けられ，5領域に変更された。

5　**正解！**　「公共」は「現代社会」に代わる新しい必修科目で，高校1年ないし2年で履修する。

 **文部科学の予想問題２**

No. 6　科学政策に関する次の記述のうち，妥当なのはどれか。

1　2020年の「科学技術・イノベーション基本法」は，先端技術の開発に従事する理系人材の増加に施策を集中させるべきだとして，振興対象から人文科学を除外した。

2　2021年度から５年間の科学技術施策の指針を示した「科学技術・イノベーション基本計画」は，コロナ禍によってテレワークが普及したことなどを指摘し，科学技術政策としてSociety 4.0（情報社会）の確立を急ぐべきであると述べた。

3　「科学技術・イノベーション基本計画」には，研究基盤の強化に向けた10兆円規模の大学ファンドの創設が明記された。

4　2019年のノーベル化学賞を受賞した吉野彰氏などが開発したリチウムイオン電池は，酸素と水素の反応を利用することから，自動車などに搭載した場合，二酸化炭素の排出に伴う環境汚染を少なくできる。

5　日本の量子コンピュータ「富岳」は，2021年から研究機関を対象とした共用が始まり，早速，コロナ対策に向けた飛沫の飛散シミュレーションなどに利用され，成果を上げた。

No. 7　日本の文化行政と世界遺産に関する次の記述のうち, 妥当なのはどれか。

1　2017年に制定・施行された文化芸術基本法は，文化芸術の担い手となる若者への支援を国に求め，一方で高齢者・障害者の文化芸術活動の支援等については地方自治体が促進・実施するとの役割分担を定めた。

2　2020年の文化観光推進法は，文化観覧や文化体験などによる「文化観光」の普及に向け，文化財の保護や滅失・散逸の防止に向けた施策を国と自治体が協力して推進することを目標に掲げている。

3　2020年，沖縄県本部町に琉球文化の復興と発展のナショナルセンターとして「民族共生象徴空間」が開業した。ここには中核施設として「国立琉球民族博物館」も置かれている。

4　2021年，UNESCOは「北海道・北東北の縄文遺跡群」を世界文化遺産として登録した。古代遺跡であるだけでなく，縄文文化が自然と共生する独特の定住社会を長く維持・発展させてきた点が高く評価された。

5　2021年，UNESCOは「奄美大島，徳之島，沖縄島北部及び西表島」を世界自然遺産として登録した。政府は該当地域を１つの国立公園に指定し，環境省が自然保護ならびに地域管理を専任で行う体制を整えた。

No. 6　　　　　　　　　　　　　　　　　　　　　　　　▷正答　3

1　産業育成や法的・倫理的課題などで，科学やイノベーションは人間や社会の在り方と密接不可分になっているとして，社会科学を含む「人文科学」を振興対象に追加した。

2　基本計画が掲げているのは，狩猟社会，農耕社会，工業社会，情報社会に続く「超スマート社会」を意味するSociety 5.0の加速化である。Society 5.0では，AI等を使った情報処理によりスマート化が進展したり，サイバー空間とフィジカル空間の融合で生活の質が向上したりするとされている。

3　**正解!**　将来的には，参加する大学が原資を運用して，自ら研究資金をまかなうことを目指すとしている。

4　酸素と水素の反応を利用する電池は，リチウムイオン電池ではなく燃料電池である。なお，小型・長寿命で再充電できるリチウムイオン電池が，携帯電話やノートパソコンなどの普及を後押ししたといわれている。

5　「富岳」は量子コンピュータではなく，スーパーコンピュータである。すでに共用されていて，感染症対策（飛沫の飛散シミュレーション）や防災対策（線状降水帯の発生予測）に利用された。

No. 7　　　　　　　　　　　　　　　　　　　　　　　　▷正答　4

1　新たに高齢者・障害者の創造的活動に対する支援や芸術祭の開催支援などが明記された。国・地方自治体を問わず，促進・実施が図られる。

2　文化財の保護や滅失・散逸の防止については，文化観光推進法ではなく，2018年の改正文化財保護法等が定めている。

3　2020年に開業した「民族共生象徴空間」はアイヌ文化の復興と発展のためのナショナルセンターで，北海道白老町にある。中核施設は「国立アイヌ民族博物館」である。

4　**正解!**　定住生活には本格的な農耕が伴うのが通例であることから，採集・漁労・狩猟を基盤とした定住生活を続けてきた縄文文化は，きわめて貴重なものとなっている。

5　世界自然遺産となった地域には，3つの国立公園（奄美群島，やんばる，西表石垣）が置かれている。また，該当地域の管理は，国と自治体が連携して実施する。

● 過去問研究

なんといっても「パリ協定」

　環境保護はグローバルな政策課題。そのため出題の多くは環境破壊の現状よりも「環境保護に対する国際的な取組み」に向けられてきた。2020年に協定実施期間が始まった地球温暖化対策の**新たな国際的枠組みである「パリ協定」については，まだまだ出題を前提とした対策が必要**だ。

　パリ協定のポイントは，先進国と途上国が初めて一緒に参加していること。そして，温室効果ガス削減についての目標があくまでも自主目標だということだ。令和元年度の国家一般職［大卒］の時事の選択肢でもこの点が取り上げられていた。国家一般職［大卒］ではパリ協定を2年度も出題。今度は国際関係での出題で，内容はアメリカの離脱だった。そのほか2年度・4年度は東京都［Ⅰ類A］もパリ協定を出題。直近の締約国会議の内容が取り上げられた。

　温暖化対策については**日本の対策も重要な出題テーマ**。令和4年度は国家専門職［大卒］で改正地球温暖化対策推進法が選択肢に登場した。

「プラスチックごみ」が急上昇

　近年，「プラスチックごみ」対策が，環境に関する世界的課題として急上昇。日本でも本格的な取組みが始まった。政府は2019年に「**プラスチック資源循環戦略**」を策定。2021年には「**プラスチック資源循環促進法**」も成立した。

　2019年に開催されたG20大阪サミットでは「**大阪ブルー・オーシャン・ビジョン**」を関係国と共有。世界各国に参加を呼びかけた。すると，令和元年度の国家総合職が時事の選択肢で海洋のプラスチックごみ問題の最新動向に言及。2年度は東京消防庁消防官［Ⅰ類］が，4年度は東京都［Ⅰ類B］が取り上げた。

　2021年には**使い捨てプラ製品の削減対策**が前進。さっそく令和4年度の警視庁警察官［Ⅰ類］の選択肢に登場した。しばらくは注意が必要だ。

生物多様性，今年の注目は？

　よく出題されるのはレッドリストや，ヒアリのような「外来生物」。令和3年度の国家専門職［大卒］の「わが国の生物をめぐる動向」の問題でも正答はヒアリだった。

　2022年の生物多様性条約締約国会議では新目標が決定。出題を前提にチェックしておこう。

パリ協定

 **ここに注目** 「パリ協定」は地球環境を守る画期的な合意。まずは温暖化対策の国際的な取組みをしっかり押さえよう！

□**IPCC（気候変動に関する政府間パネル）**・・・・国連環境計画などが1988年に設立した国際組織。各国の科学者などが**気候変動に関する科学的知見を評価**している。2021年の第6次報告では，地球の気温は1850〜1900年水準に比べ，**2040年までに1.5度上昇する可能性が高い**と結論づけた。

□**気候変動枠組条約（地球温暖化防止条約）**・・・・**温室効果ガス排出と気候変動に関する基本条約**。国連環境開発会議で1992年に採択，1994年に発効。毎年，締約国会議（COP）を開催している。

□**パリ協定**・・・・2015年のCOP21（第21回気候変動枠組条約締約国会議）で採択された**新たな地球温暖化対策の国際的枠組み**。各国の批准を経て2016年に発効した。すべての国連加盟国と地域が参加。参加国は温室効果ガス削減の自主目標を作成して国連に提出し，国内対策を実施する義務を負う。協定実施期間は2020年にスタート。2023年には削減の進展状況が初めて検証される。

目標は，産業革命（18世紀半ば）前からの**気温上昇を2度未満に抑える**こと。努力目標として「1.5度未満」も併せて掲げられた。目標達成に向け，先進国には途上国に対する資金支援も義務づけられた。

□**COP26**・・・・2021年にイギリスで開催。会議では**気温上昇を1.5度に抑えることを全体の目標に格上げ**。石炭火力発電の段階的削減への努力の加速などが合意された。

□**COP27**・・・・2022年11月にエジプトで開催。途上国を対象に，干ばつや洪水といった**気候変動による「損失と損害」に特化した支援を行う新しい基金の創設**を決定した。

 SDGs

2016〜2030年に国際社会が達成を目指す「持続可能な開発目標」の略称。17分野を国連は次のように表現。

①貧困をなくそう，②飢餓をゼロに，③すべての人に健康と福祉を，④質の高い教育をみんなに，⑤ジェンダー平等を実現しよう，⑥安全な水とトイレを世界中に，⑦エネルギーをみんなにそしてクリーンに，⑧働きがいも経済成長も，⑨産業の技術革新の基盤をつくろう（インフラ整備），⑩人や国の不平等をなくそう，⑪住み続けられるまちづくりを，⑫つくる責任，つかう責任（持続可能な生産・消費），⑬気候変動に具体的な対策を，⑭海の豊かさを守ろう，⑮陸の豊かさも守ろう，⑯平和と公正をすべての人に，⑰パートナーシップで目標を達成しよう（実施手段）。

日本政府は，2016年に具体策を盛り込んだ「持続可能な開発目標実施指針」を策定。2019年に改訂した。

日本の地球温暖化対策

 ここに注目　温暖化対策については日本もさまざまな政策を打ち出している。GXやカーボンプライシングなど，新しい用語にも着目！

● 日本の温暖化対策

☐ **日本の削減目標**‥‥日本が国際公約とした中期目標は，温室効果ガスを2013年度比で「**2030年度までに46％排出削減**」すること。長期目標は，温室効果ガスの排出を実質ゼロとする「**カーボンニュートラル**」を2050年までに実現させることだ。

☐ **温室効果ガス排出量**‥‥2020年度の日本の温室効果ガス排出量は**前年度比でマイナス5.1％**（7年連続で減少）。総排出量から「森林等の吸収源対策による吸収量」を引いた量は，基準年比（2013年度）で**21.5％の減少**。

☐ **地球温暖化対策推進法**‥‥2021年の改正法は「2050年までの脱炭素社会の実現」を法律に明記し，実現に向けた政策指針を示した。重視されたのは，**再生可能エネルギーを利用した「地域の脱炭素化」**。市町村が実施目標や促進地域を定めて，太陽光発電や風力発電などの円滑な導入を図るとした。

☐ **地球温暖化対策計画**‥‥2021年改定。新たな長期・中期目標の実現に向けた部門別の削減目標や施策などを取りまとめた。

☐ **地域脱炭素ロードマップ**‥‥脱炭素社会づくりに向け，**2030年までに地域で実施する施策**。少なくとも100か所の**脱炭素先行地域**をつくり，国が支援する。農山漁村や都市部などの地域特性に応じた道筋を見いだし，日本各地に拡大していく。

☐ **脱炭素化支援機構**‥‥脱炭素に向けた取組みを資金面から後押しするための**新たな官民ファンド**。2022年の改正地球温暖化対策推進法で設立された。政府と民間金融機関が出資し，民間事業者が運営する。

☐ **気候変動適応計画**‥‥2019年策定。気候変動がもたらす**被害の軽減策**を政策分野ごとに取りまとめた。具体策では，高温を好む品種への転換（農林水産分野），豪雨氾濫に対する減災体制整備（自然災害分野），熱中症や感染症のリスク対策（健康分野）などを盛り込んだ。

ESG 金融

環境保護（Environment），社会課題（Social），企業統治（Governance）に配慮する金融活動。利用する日本企業は急増しており，2020年のESG金融の投資残高は2016年に比べ約6倍になった。

CHAPTER
10
環境

- □ **フルオロカーボン（フロン類）**‥‥炭素や
フッ素などからなる有機化合物の一種。な
かにはCO₂の１万倍を超える**温室効果**を持
つものがある。成層圏にあって有害な紫外
線を吸収し，地上の生態系を保護してくれ
る「**オゾン層**」も破壊する。

シェアリング・エコノミー

インターネット上のマッチング・
プラットフォームを介して，個人が
持つ資産をほかの個人などに有効
利用してもらう経済活動。CO₂や
廃棄物の削減効果が期待できる。

- □ **フロン排出抑制法**‥‥2020年改正法施行。エアコンや冷蔵庫などで利用され
ている**フルオロカーボンの廃棄時の回収率向上**に向けた対策を進める。

● 経済と環境の好循環

- □ **エネルギー基本計画（第6次）**‥‥2021年改定。総発電量に占める電源構成
の目標を明示。**再生可能エネルギーを主力電源化して，その割合を36〜
38％に高める**。また，原子力の割合も，安全確保を大前提として，20〜
22％に引き上げる。一方，火力発電については，非効率的な石炭火力発電の
フェードアウトなどを進め，41％まで減らすとした。

- □ **グリーン成長戦略**‥‥2020年策定。政府が掲げる「2050年カーボンニュート
ラル」への挑戦を**「経済と環境の好循環」**につなげるための産業政策。洋上
風力発電の積極的導入や乗用車の新車をすべて電動車にすることなどを盛り
込んだ。

- □ **クリーンエネルギー戦略**‥‥「2050年カーボンニュートラル」の実現に向け
た**新たなエネルギー政策**。2022年に政府が検討に着手した。５月の「中間整
理」では，浮体式洋上風力発電，次世代太陽光パネル，革新的地熱発電など
の技術開発を進めるとした。

- □ **GX（グリーントランスフォーメーション）**‥‥**環境問題を解決しつつ，経
済社会システムを変革していくこと**。政府は2022年12月に「**GX実現に向け
た基本方針**」を決定。再生可能エネルギーの主力電源化や次世代原子力発電
所の開発・建設等を盛り込んだ。また，巨額のGX投資を官民協調で行うた
め「**GX経済移行債**」を発行し，財源確保に向け「**成長志向型カーボンプラ
イシング構想**」を実行するとした。

- □ **カーボンプライシング**‥‥炭素排出に価格をつけ，**排出者の行動変容を促す
政策手法**。2022年12月の「GX実現に向けた基本方針」は，余剰分や不足分
を市場で売買する**排出量取引制度**と，化石燃料の輸入事業者などに対する**賦
課金制度**の導入を掲げた。

- □ **メタンハイドレート**‥‥**エネルギーとして利用できるメタンを含む物質**。海
底の地層内に氷状になって存在し，日本列島の周辺海域にも大量に存在する。
将来のエネルギー資源として，政府は商業化を促進している。

守ろう生態系！

生物多様性条約の締約国会議で新目標が決定。生態系の保全に関する重要語句をまとめて確認！

● 生物多様性

□ **生物多様性**‥‥生物の生態の違いを包括的に表す概念。**種の多様性**（多種多様な生物の存在），**生態系の多様性**（生物が生活する多様な環境），**遺伝子の多様性**（個々の生物種のなかの多様性の発現）という３つの観点を含む。

□ **生物多様性条約**‥‥1992年の**国連環境開発会議（地球サミット）**で採択。目的に，①生物多様性の保全，②生物資源の持続可能な利用，③遺伝資源がもたらす利益の公正かつ衡平な配分を掲げる。

□ **昆明・モントリオール生物多様性枠組**‥‥第15回生物多様性条約締約国会議は，2021年に中国の昆明市で第１部を，2022年にカナダのモントリオール市で第２部を開催。2030年までの新目標をまとめた「**昆明・モントリオール生物多様性枠組**」を採択した。

　同枠組みは，「2030年までに世界の陸域と海域の少なくとも30％以上を保護区にする」という目標（**30by30**＝サーティ・バイ・サーティ)のほか，外来種の侵入を少なくとも50％削減することや，気候変動の生物多様性への影響を最小化することなどを目標に盛り込んだ。また，参加する途上国に対する資金支援についても合意が得られた。

□ **生物多様性国家戦略**‥‥2023年改定。「**2030年ネイチャーポジティブ（自然再興）**」の実現を掲げる。基本戦略のうち，「自然を活用した社会課題の解決」では，生態系再生による温室効果ガス対策や自然を活かした地域づくりなどを進めるとしている。

□ **SATOYAMAイニシアティブ**‥‥人の営みにより形成された「**里山**」のような「**２次的自然地域**」を持続可能な形で利用し，自然共生社会を実現しようとする取組み。日本政府は世界各国への普及を図っている。

● 野生動物の保護管理

□ **レッドリスト**‥‥**絶滅のおそれがある野生生物をランク別にまとめた報告書。**日本のリストは環境省が，世界のレッドリストは国際自然保護連合が作成している。これらによると，日本の絶滅危惧種は3716種（2020年版），世界の絶滅危機種は４万1459種（2022年版）となっている。

□**外来生物法**‥‥‥**特定外来生物**（日本の生態系に害を及ぼす海外起源の外来生物）を指定し，その飼養，栽培，保管，運搬，輸入などを規制し，駆除を進める。2022年の改正法では，毒性の強いヒアリを念頭に，緊急性の高い外来生物への対策が強化された。

□**鳥獣保護管理法**‥‥‥鳥獣の保護と「適正管理」を定めた法律。シカやイノシシによる農林業への被害が拡大していることを受けて2015年に改正され，名称も鳥獣保護法から鳥獣保護管理法に変更された。

□**捕鯨**‥‥‥捕鯨を行う国は少数派。国際捕鯨委員会での日本の提案は，いくら科学的根拠があっても，常に否決されてきた。そこで日本は国際捕鯨委員会を脱退し，2019年から自国の領海と排他的経済水域に限定して，しかも十分な資源が確認された3種のクジラのみを対象に，**商業捕鯨を再開**した。

● 循環型社会

□**地域循環共生圏**‥‥‥**都市と農山漁村が資源を補完し，支え合う仕組み**。農山漁村から都市へは自然資源や生態系サービスがもたらされ，都市から農山漁村へは資金や人材が提供されるといった循環が期待されている。

□**大阪ブルー・オーシャン・ビジョン**‥‥‥**海洋プラスチックごみの新たな発生を2050年までにゼロにする**とのビジョン。2019年のG20大阪サミットで各国での共有が合意された。

□**循環型社会基本計画（第4次）**‥‥‥2018年閣議決定。地域循環共生圏形成による地域活性化（バイオマスの地域内での利活用等），ライフサイクル全体での徹底的な資源循環（食品ロスの削減等），適正処理のさらなる推進と環境再生（海洋ごみ対策等）などに取り組むとした。

□**プラスチック資源循環戦略**‥‥‥2019年策定。国内でのプラスチック資源の循環体制の早期構築を図る。**2030年までにワンウェイ（使い捨て）プラスチックを25%抑制する**こと，生物由来の原料でつくられたバイオマスプラスチックの利用を約200万トンにまで高めることなど，数値目標も掲げている。2020年には，すべての小売店でプラスチック製レジ袋の有料義務化が実施された。

□**プラスチック資源循環促進法**‥‥‥2021年成立。プラ製品に関する環境配慮設計の推進，プラ製品のリサイクル促進，**使い捨てプラ製品の削減**などの指針を定める。

使い捨てプラ製品対策

　プラスチック資源循環促進法に基づき，政府は政令で使い捨てプラ製品の使用基準を策定。年5トン以上使う事業者に削減義務を課し，取組みが不十分な場合には社名公表や罰金などの措置をとると定めた。

　削減対象は12品目。コンビニやスーパーが渡すストローやスプーン・フォーク，宿泊施設にあるヘアブラシや歯ブラシ，クリーニング店が使うハンガーなどだ。今後，有料化や紙製品などへの変更が進むに違いない。

 環境の基礎問題

No. 1 「パリ協定」に関する次の記述のうち，妥当なのはどれか。

1　パリ協定では，先進国と新興国だけが温室効果ガス削減に向けて努力することになり，途上国は削減努力を免除された。

2　2020年に協定実施期間が始まったにもかかわらず，CO_2最大排出国の中国はまだパリ協定を批准していない。

3　パリ協定は，参加した先進国に対し，「2050年までの排出ゼロ」を義務づけている。

4　パリ協定の目標は「産業革命前からの気温上昇を5度未満に抑える」ことである。

5　2022年の気候変動枠組条約締約国会議（COP27）では，気候変動による途上国の「損失と損害」を支援する新たな基金の創設が合意された。

No. 2 環境用語に関する次の記述のうち，妥当なのはどれか。

1　「地域循環共生圏」は，都市から自立して資源循環を図る農山漁村が構成する環境保護圏域である。

2　「ESG金融」とは，エネルギー持続目標を守る企業向けの金融であり，欧米諸国同様，日本でも普及促進が図られている。

3　「再生可能エネルギー」とは，永続的に利用できるエネルギー源であり，太陽光，風力，地熱のほか，原子力も含まれる。

4　「シェアリング・エコノミー」とは，インターネットなどを介して所有する資産を他の個人などに有効利用してもらう経済活動である。

5　「フルオロカーボン」は，CO_2を超える温室効果を持つため世界で削減が進められているが，日本ではまだ対策がなされていない。

No. 3 生態系に関する次の記述のうち，妥当なのはどれか。

1　2022年の生物多様性条約締約国会議は，2030年までの新目標をまとめた「昆明・モントリオール生物多様性枠組」を採択した。

2　30by30（サーティ・バイ・サーティ）とは，2030年までに絶滅危惧種の30％で，自然生息数の増加を実現させるとの政策目標である。

3　生態系再生は温室効果ガス対策にはならない。

4　日本の生態系に害を及ぼすおそれのある外来種については，外来生物法が野生での駆除を認めているが，輸入や飼養等は禁止されていない。

5　日本の生態系サービスの劣化は里地里山においても進行しており，そのため近年，ニホンジカやイノシシの数と生息域が減少している。

正答と解説

No. 1　　　　　　　　　　　　　　　　　　　　　　　▷正答　5

1　パリ協定には途上国も参加し，世界196の国と地域が協力して温室効果ガスの削減を進める。

2　中国は2016年にパリ協定を批准した。

3　削減量について協定は参加国に何も義務づけていない。参加国は自主的に削減目標を決めて国連に提出し，国内対策を進める。

4　5度未満ではなく2度未満である。その後，2021年の気候変動枠組条約締約国会議（COP26）で1.5度未満が全体目標になった。

5　**正解!**　ただし，具体的内容は2023年のCOP28で議論される。

No. 2　　　　　　　　　　　　　　　　　　　　　　　▷正答　4

1　地域循環共生圏は，都市と農山漁村が資源を補完し，支え合う仕組みである。都市から自立を促すものではない。

2　ESG金融とは，環境保護Environment，社会課題Social，企業統治Governanceに配慮した金融のことである。

3　再生可能エネルギーに原子力は含まれない。

4　**正解!**　資源が効率的に利用でき，環境保護に役立つ。カーシェアリングのほか，最近ではサイクルシェアリングなども普及してきている。

5　日本では2020年に改正フロン排出抑制法が施行され，フルオロカーボン廃棄時の回収率向上に向けた対策が世界に先駆けて進められている。

No. 3　　　　　　　　　　　　　　　　　　　　　　　▷正答　1

1　**正解!**　「30by30」のほか，外来種の侵入の50％削減などを盛り込んだ。

2　2030年までに世界の陸域と海域の少なくとも30％以上を生態系の保護区にするとの目標である。

3　森林の保護・育成などは温室効果ガス対策になる。

4　日本の生態系に害を及ぼすおそれのある「特定外来生物」については，輸入や飼養等も原則禁止とされている。

5　耕作放棄地などが増えた結果，ニホンジカやイノシシの数と生息域が増加し，農林業への被害が拡大している。

 環境の予想問題

No. 4 温暖化対策に関する次の記述のうち，妥当なのはどれか。

1　2022年の『環境・循環型社会・生物多様性白書』によると，2020年度の日本の温室効果ガスの総排出量は，景気回復により7年連続で増加して，11億600万トンになった。

2　温室効果ガスの排出削減に関する中期目標について，日本政府は2013年度比で「2030年度までに46%削減」を掲げてきたが，コロナ禍で見通しが悪化したため，2021年に「2030年度までに26%削減」に改められた。

3　日本は2020年，温室効果ガスの排出を実質ゼロとする「カーボンニュートラル」を2050年までに目指すと宣言した。

4　2021年の改正地球温暖化対策推進法は，熱中症や豪雨などへのリスク対策を自治体の義務と定め，国には高温を好む農産品の導入検討など，温暖化に伴う適応計画を策定するよう求めた。

5　2021年10月に改定されたエネルギー基本計画は，2030年度の総発電量に占める電源構成について，再生可能エネルギーの比率を倍増させ，火力発電と原子力発電の比率を大きく引き下げることを目標に掲げた。

No. 5 プラスチックごみ対策に関する次の記述のうち，妥当なのはどれか。

1　2019年のG20大阪サミットでは，「海洋プラスチックごみの新たな発生を2030年までにゼロにする」との「大阪ブルー・オーシャン・ビジョン」の共有を決定した。

2　2019年，政府は「プラスチック資源循環戦略」を策定し，食品包装などで使われる「ワンウェイのプラスチック」については，2030年までに半減すると宣言した。

3　2020年からプラスチック製レジ袋の有料義務化が実施されたが，生物由来の原料でつくられたバイオマスプラスチックの配合率が25%以上のものは対象外とされている。

4　2021年に成立した「プラスチック資源循環促進法」は，プラスチックごみの削減促進に向け，メーカーや小売業者に対して「使用済プラ製品の自主回収」を禁止した。

5　「プラスチック資源循環促進法」により，ストロー，スプーン，フォークなどの「使い捨てプラ製品」は，原則として飲食店での使用が禁止となった。

No. 4 ▷正答　3

1　省エネや電力の低炭素化などが進み，加えてコロナ禍でエネルギー消費量が減ったことから，日本の温室効果ガスの総排出量は7年連続で減少した。11億600万トンという排出量が，基準年（2013年度）に比べ，21.5%の減少になっている。

2　2021年，日本の排出削減の中期目標（2030年度まで）は，2013年度比で「26%削減」から「46%削減」に改められた。さらに「50%削減」に向けた挑戦を続けるとの決意も表明している。

3　**正解！**　「カーボンニュートラル」とは，総排出量から森林等の吸収源対策による吸収量などを差し引いて「実質ゼロとする」とすることである。

4　改正地球温暖化対策推進法は，再生可能エネルギーの利用促進などによる脱炭素社会の実現に向けた施策の方向性を定めたものである。記述にある温暖化に伴うリスク対策や農林水産分野での施策は，2018年の「気候変動適応計画」に盛り込まれている。

5　再生可能エネルギーの比率の引き上げと火力発電の比率の引き下げは正しいが，原子力発電については2019年度の6%を2030年度には20〜22%に引き上げるとした。

No. 5 ▷正答　3

1　2030年ではなく，「2050年までにゼロにする」とのビジョンを共有した。政府はG20以外の国にも参加を呼びかけている。

2　プラスチック資源循環戦略が，ワンウェイ（使い捨て）プラスチックについて掲げたのは，使用量の25%抑制である。

3　**正解！**　プラスチック資源循環戦略は，バイオマスプラスチックの利用について，2030年には最大限（約200万トン）に高めるとの数値目標を掲げている。

4　プラスチック資源循環促進法は，リサイクル事業者を経由せずに再利用可能な材料を集められるように，メーカーや小売業者による「使用済プラ製品の自主回収」を容認した。

5　同法の施行令で，使い捨てプラ製品を年5トン以上使用する飲食店などの事業者は，従来の無料配布を有料化するなどの削減策が求められることとなった。使用が禁止されたわけではない。

第11章 司法警察

● 過去問研究

法改正に警戒せよ

司法・警察関係の出題では**大きな法改正や制度改正が必修事項**。近年は六法関係の抜本的な改正が相次いでいるだけに，時事だけでなく，専門試験の法律科目でも出題される可能性が高まっている。過去問を使って学習している場合は，古い記述を鵜呑みにしないよう注意が必要だ。

司法分野の**注目は民法**。近年，改正が目白押しだからだ。令和元年度の国家総合職，国家一般職［大卒］，3年度の国家総合職（教養区分）の基礎能力試験の選択肢で2018年の改正法が取り上げられていた。

このほか，令和4年度の国家専門職［大卒］の基礎能力試験の選択肢には，改正少年法や改正著作権法が登場していた。また，改正道路交通法については，3年度の東京都［I類B］で内容を問う出題があったし，4年度の東京都［I類A］でも選択肢に取り上げられていた。

「警察統計」にも注目

警察分野では**犯罪や交通事故に関する統計にも注意が必要**。これまで犯罪の認知件数や交通事故死者数など，全体状況を表す統計の出題が見られた。

犯罪では，刑法犯の認知件数が着実に減少し続け，2021年には戦後最少を更新。交通事故については，負傷者数や事故件数が減り続けているし，2021年の死者数は約2600人と統計開始以来の最少となった。胸を張って出せる数値だけに，大まかな傾向だけでも頭に入れておけば役立つはずだ。

ちなみに，2022年の『警察白書』や『交通安全白書』に取り上げられているのは2021年の数値。2022年の数値については，2023年の春から夏にかけて警察庁から発表がある。夏以降に試験がある受験者は，試験前にニュースや警察庁のホームページなどで情報のアップデートを心がけてほしい。

民法以外の注目は？

民法以外の法律で今年注目すべきは，2022年に改正された刑法や民事訴訟法。犯罪関連では2021年に改正された少年法やストーカー規制法も出題候補となるだろう。このほか，2020年と2022年に改正された道路交通法もチェックしておきたい。

CHAPTER 11 司法警察

改正民法の重要用語

近年相次ぐ民法の改正。公務員試験対策では不可欠の知識だ。改正内容を一気にフォロー！

☐ **民法（親子法制）**‥‥2022年の改正民法は，①「**嫡出推定**」制度を見直し（再婚した場合は，離婚の日から300日以内に生まれた子でも今の夫の子とする例外を定める等），②「**嫡出否認**」制度を拡充（嫡出否認権を子どもと母親等にも拡大，嫡出否認の訴えができる期間を延長する等），③「**懲戒権**」の規定を削除し，子どもに対する体罰の禁止を明文化。

☐ **所有者不明土地**‥‥2021年の改正民法等（改正不動産登記法を含む）・相続土地国庫帰属法は，①不動産登記について**相続登記・住所変更登記の申請を義務化**，②相続土地国庫帰属制度を創設，③所有者不明土地・建物管理制度を創設，④共有者が不明な場合の共有地の利用の円滑化を図る仕組みを整備，⑤長期間経過後の遺産分割を見直し。

☐ **特別養子制度**‥‥2019年の改正民法等（改正家事手続法，改正児童福祉法を含む）は，**特別養子縁組の成立要件を緩和**。①特別養子縁組成立のための審判申立て時における**養子候補者の上限年齢を原則「6歳未満」から「15歳未満」に引き上げ**，②特別養子縁組成立のための審判に2段階手続きを導入，③審判の第1段階での実親の同意は，2週間経過後は撤回不可と規定，④児童相談所長が審判の第1段階の手続きの申立人・参考人として主張・立証できると規定。

☐ **成年年齢引き下げ**‥‥2018年の改正民法は，①**成年年齢（成人年齢）を20歳から18歳に引き下げ**，②**女性の婚姻開始年齢を16歳から18歳に引き上げ**（男女で年齢を統一）③養子をとることができる年齢は20歳を維持。

☐ **民法（相続法）**‥‥2018年の改正法は，①**配偶者居住権**・配偶者短期居住権を新設，②婚姻期間が20年以上の夫婦間で居住用不動産を遺贈・贈与する場合の配偶者を保護，③**自筆証書遺言の方式を緩和**（また，遺言書保管法により，法務局での自筆証書遺言の保管制度を創設），④被相続人の療養看護等を無償で行った相続人以外の親族（息子の妻など）が相続人に金銭要求できる制度（特別の寄与の制度）を創設，⑤相続された預貯金を遺産分割前に払い戻しできる制度を創設。

司法警察分野の重要法律

ここに注目 司法警察分野で問われるのは，新しく制定された法律。試験に出そうな法律を一気にチェック！

☐ **刑法**‥‥2022年の改正法は，①「懲役」と「禁錮」を廃止し「**拘禁刑**」に一**本化**（2022年6月から3年以内に施行），②「**侮辱罪**」を**厳罰化**（「拘留（30日未満）または科料（1万円未満）」のみだった法定刑に「1年以下の懲役・禁錮または30万円以下の罰金」を追加）。

☐ **民事訴訟法**‥‥2022年の改正法は，①**民事裁判をIT化**（提訴から判決までのすべての手続きをオンライン化），②法定審理期間訴訟手続（手続き開始から6か月以内に審理を終え，その後1か月以内に判決を言い渡す）を創設。

☐ **少年法**‥‥2021年の改正法は，①18・19歳を「**特定少年**」と規定，②特定少年について「**原則逆送対象事件**」を**拡大**，③特定少年のときに犯した事件が起訴された場合，**実名報道等を解禁**。

☐ **ストーカー規制法**‥‥2021年の改正法は**規制対象を拡大**（①GPS機器等を使った位置情報の無承諾取得等，②実際にいる場所付近での「見張り」等，③拒まれたにもかかわらず，手紙などの「文書」を連続して送りつける行為）。

☐ **個人情報保護法**‥‥2020年の改正法は，①**利用停止・消去等の個人の請求権の要件を緩和**，②第三者提供記録を本人が開示請求可能に変更，③個人データが漏えいし，個人の権利利益を害するおそれがある場合，個人情報保護委員会への報告及び本人への通知を義務化，④委員会の命令への違反や委員会への虚偽報告にかかわる法定刑を引き上げ，⑤**氏名等を削除した「仮名加工情報」を創設**，⑥「個人関連情報」の第三者への提供を制限。

☐ **著作権法**‥‥2021年の改正法は，①国立国会図書館が絶版資料のデータを直接利用者に送信できるようにする，②図書館が**著作物の一部分を調査研究目的の利用者にメールなどで送信できるようにする**，③放送番組のインターネット同時配信等を円滑化（放送と同様に著作物を利用できるようにする）。

2020年の改正法は，①**違法にアップロードされたものだと知りながら著作物をダウンロードすることを原則として違法化**（悪質な場合は刑事罰化），②リーチサイト等の運営行為を刑事罰化，③リーチサイト等におけるリンク提供行為を規制（著作権等の侵害行為とみなし，故意・過失がある場合に差止請求・損害賠償請求を可能にし，故意犯の場合は刑事罰化）。

改正道交法のポイント

 **ここに注目** 2020年と2022年に道路交通法が改正。ここでは，試験対策上知っておきたい改正内容を整理しておこう！

●「あおり運転」対策 （2020年6月施行）

「あおり運転」を道路交通法上の「妨害運転」として厳罰化
- ・通行妨害目的で交通の危険のおそれのある方法により一定の違反をした場合
  →懲役3年または罰金50万円以下，免許取消し
- ・上記により，著しい危険（高速での停車等）を生じさせた場合
  →懲役5年または罰金100万円以下，免許取消し

＊一定の違反：対向車線にはみ出す，急ブレーキ，車間距離不保持，急な進路変更，危険な追い越し，過度のハイビーム，不必要なクラクション，幅寄せや蛇行運転，高速道路での低速走行や駐停車

● 高齢運転者対策 （2022年5月施行）

高齢運転者の事故対策を強化
- ・75歳以上で一定の違反歴のある運転者に「運転技能検査」を義務づけ
- ・安全運転サポート車のみ運転できる免許を創設

● 自動運転のルール （2023年4月施行）

「レベル4」の自動運転のルールを整備
- ・運転者がいない状態での運転＝「特定自動運行」
- ・「特定自動運行」する場合，都道府県公安委員会の許可が必要
- ・遠隔監視の体制整備（遠隔監視装置の設置や監視者の配置等）が必要

● 遠隔操作型小型車の交通ルール （2023年4月施行）

自動配送ロボット等の交通ルールを整備
- ・最高速度や大きさが一定基準内の自動配送ロボット等＝「遠隔操作型小型車」
- ・歩行者と同様の交通ルールを適用
- ・使用する場合，都道府県公安委員会への届け出が必要

● 特定小型原動機付自転車の交通ルール （2022年4月から2年以内に施行）

電動キックボード等の交通ルールを整備
- ・最高速度や大きさが一定基準内の電動キックボード等＝「特定小型原動機付自転車」
- ・免許証は不要（16歳未満の運転は禁止），運転時のヘルメット着用は努力義務
- ・原則として車道通行（最高速度が一定速度以下のものは歩道通行可能）

 司法警察の基礎問題

No. 1　六法の改正に関する次の記述のうち，妥当なのはどれか。

1　2022年の改正刑法は拘禁刑を新たに設け，「拘禁刑は，刑事施設に拘置し所定の作業を行わせる」と定め，拘禁刑に処せられた者に刑務所内での作業を義務づけた。

2　2022年の改正刑法は，侮辱罪の法定刑について「1年以下の懲役・禁錮または30万円以下の罰金」としていた定めを廃し，代わりに「拘留または科料」とすると定めた。

3　2022年の改正民法は，「嫡出推定」を見直し，無国籍者が生じる一因ともなってきた「離婚の日から300日以内に生まれた子は前夫の子と推定する」という規定を削除した。

4　2022年の改正民法は，「親権を行う者は，監護及び教育に必要な範囲内でその子を懲戒することができる」と定めた条文を削除した。

5　2022年の改正民事訴訟法は，民事裁判手続きを全面的にオンライン化すると定め，すべての訴訟について裁判所への訴状等をオンラインで提出することを義務づけた。

No. 2　法律の改正に関する次の記述のうち，妥当なのはどれか。

1　2018年の改正民法によって2022年4月から成年年齢が18歳に引き下げられたのに伴い，養子をとることができる者の年齢や競馬法における勝馬投票券の購入可能年齢も18歳に引き下げられた。

2　2020年の改正個人情報保護法は，個人データの利用停止や消去にかかわる個人の請求権について，個人の権利または正当な利益が害されるおそれがある場合にも請求できるよう要件を緩和した。

3　2020年の改正個人情報保護法は，氏名等を削除した「仮名加工情報」を創設し，本人の同意がなくても第三者に提供できると定めた。

4　2021年の改正民法等（改正不動産登記法）は，不動産を取得した相続人に対し，取得を知った日から1年以内に相続登記の申請をすることを義務づけ，正当な理由がないのにその申請を怠ったときは一定の罰金を科すとした。

5　2021年の相続土地国庫帰属法は，一定の要件を満たせば，相続等により土地の所有権を取得した者がその土地の所有権を時価で国に売却することができる制度を創設した。

CHAPTER

11

司法警察

 正答と解説

No. 1 ▷正答 4

1 改正刑法は,「拘禁刑に処せられた者には,改善更生を図るため,必要な作業を行わせ,または必要な指導を行うことができる」と定めた。拘禁刑に処せられた者に刑務所内での作業を義務づけたわけではない。

2 改正刑法は,「拘留または科料」のみだった侮辱罪の法定刑に「1年以下の懲役・禁錮または30万円以下の罰金」を追加した(2022年7月施行)。

3 改正法は,問題文にある規定を残している(削除したわけではない)。「再婚した場合,離婚の日から300日以内に生まれた子でも今の夫の子と推定する」との例外規定を設けた。

4 **正解!** さらに改正法は,「親権者は,子の人格を尊重するとともに,その年齢及び発達の程度に配慮しなければならず,かつ,体罰その他の子の心身の健全な発達に有害な影響を及ぼす言動をしてはならない」と定めた。

5 改正法が裁判所への訴状等をオンラインで提出することを義務づけたのは,訴訟代理人等(弁護士等)である。高齢者などオンライン提出に対応できない人は,依然として書面でも提出できる。

No. 2 ▷正答 2

1 改正民法の施行後も,養子をとることができる者の年齢や競馬法における勝馬投票券の購入年齢は20歳が維持される。このほか,喫煙年齢や飲酒年齢なども20歳が維持される。

2 **正解!** 改正前は不正取得など法に違反する場合のみ,請求権が認められていた。今回の改正で,利用停止や消去等に関する個人の権利の範囲が拡充された。

3 2020年の改正法が定めた「仮名加工情報」は,企業内部の使用に限定されている。

4 改正法は,取得を知った日から3年以内の相続登記を義務づけた。また,正当な理由がないのに相続登記の申請を怠ったときは,過料(行政罰)を科すと定めた。罰金(刑事罰)ではない。

5 相続土地国庫帰属法が創設したのは,一定の要件を満たせば,相続等により土地の所有権を取得した者がその土地の所有権を国庫に帰属させることができる制度である(その際は10年分の土地管理費相当額の負担金を国に納付する)。

No. 3　犯罪や法律の規定に関する次の記述のうち，妥当なのはどれか。

1　「振り込め詐欺」や「サイバー犯罪」といった新たな犯罪が登場したこともあり，刑法犯の認知件数は19年連続で増加し，2021年には初めて300万件を上回った。

2　少年非行は減少傾向にあり，2021年の刑法犯少年の検挙人員は18年連続で減少して1万人を下回り，同年齢層の人口1000人当たりの検挙人員も減少して成人より低い水準となった。

3　DV（配偶者からの暴力）防止法により規制が強化されたことから，警察に寄せられるDV事案の相談等件数は減少傾向にあり，2021年には，DV防止法が施行された2001年以降で初めて1万件を下回った。

4　2021年の改正ストーカー規制法は，改正前からの電話，ファックス，文書，電子メールに加えて，拒まれたにもかかわらずSNSメッセージを連続して送る行為を規制対象とした。

5　IT技術やネットワークを悪用したサイバー犯罪の検挙件数は増加傾向にあり，2021年中の検挙件数は前年より20％以上増加して1万2000件を超え，過去最多となった。

No. 4　法律の改正に関する次の記述のうち，妥当なのはどれか。

1　2020年の改正著作権法は，違法にアップロードされた著作物をダウンロードすることについて，違法アップロードと知らなかった場合であっても，原則として違法とすると定めた。

2　2020年の改正著作権法は，違法にアップロードされた著作物をダウンロードすることについて，違法アップロードと知っている場合はすべて刑事罰の対象とすると定めた。

3　2021年の改正著作権法は，利用者の調査研究の用に供するため，図書館が無償で著作物の一部分をメールなどで送信できるよう定めた。

4　2021年の改正少年法は，原則として逆送決定がされる対象事件に，18・19歳のときに犯した死刑，無期または1年以上の懲役・禁錮に当たる罪の事件を追加した。

5　民法上で18歳が成年年齢となることを踏まえ，2021年の改正少年法は，18・19歳のときに犯したすべての事件について，犯人の実名・写真等の報道を解禁することとした。

No. 3
▷正答　5

1　刑法犯の認知件数は19年連続で減少を続けており，2021年は56.8万件だった。ちなみに，戦後最悪の2002年の認知件数は約285万件であり，300万件を超えたことはない。

2　2021年の刑法犯少年の検挙人員は18年連続で減少したが，1万4818人と1万人を上回った。同年齢層の人口1000人当たりの検挙人員も減少して2.2人となったが，依然として成人の水準（1.5人）より高かった。

3　DV事案の相談等件数は増加傾向にあり，2021年には8.3万件にのぼり，DV防止法が施行された2001年以降の最多を更新した。

4　2021年の改正ストーカー規制法が規制対象に追加したのは，拒まれたにもかかわらず文書を連続して送る行為である。SNSメッセージは改正前から規制対象となっている。

5　**正解！**　サイバー犯罪への対処能力を強化するため，2022年4月，警察庁にサイバー警察局が新設された。加えて，関東管区警察局にサイバー特別捜査隊（重大サイバー犯罪に対処する捜査機関）が新設された。

No. 4
▷正答　4

1　改正法が違法であると定めたのは，違法にアップロードされたことを知りながら著作物をダウンロードする場合のみである。

2　刑事罰を科すのは，特に悪質な行為に限定されている。正規版が有償で提供されている著作物のダウンロードであること，反復・継続してダウンロードを行うことが要件となっている。

3　改正法は，利用者の調査研究の用に供するため，図書館が著作物の一部分をメールなどで送信できるよう定めたが，無償ではなく，図書館が権利者に補償金を支払うことを求めている（基本的には利用者が図書館に支払うことが想定されている）。

4　**正解！**　18・19歳の者については，逆送決定後は20歳以上の者と原則として同様に取り扱われることとなった。たとえば，有期懲役刑の期間の上限は30年となる（17歳以下の少年は15年）。

5　改正法が犯人の実名・写真等の報道を解禁すると定めたのは，18・19歳のときに犯した事件について起訴された場合（略式を除く）である。

CHAPTER **11** 司法警察

 司法警察の予想問題2

No. 5　日本の交通事故の現状や対策に関する次の記述のうち，妥当なのはどれか。

1　2021年の交通事故死者数は前年比で減少したものの依然として3000人を超えており，交通事故の負傷者数も前年比で減少しながらもまだ100万人を上回っている。

2　65歳以上の高齢者の人口10万人当たりの交通事故死者数は，2011年から2021年にかけて増加傾向で推移し，2021年の交通事故死者数に占める65歳以上の高齢者の割合は8割程度に達した。

3　2021年の交通事故死者数を状態別に見ると，「自動車乗車中」が全体のほぼ半数を占めて最も多く，次いで「自転車乗用中」が多くなっている。一方，「歩行中」は少なく，全体の1割程度である。

4　2020年の改正道路交通法は，いわゆる「あおり運転」を取り締まる「妨害運転罪」を創設し，他の車両の通行を妨害する目的で車間距離不保持や急ブレーキ禁止違反などの違反をした場合の罰則を定めた。

5　第10次交通安全基本計画が掲げた「2020年までに交通事故死者数を2500人以下，交通事故死傷者数を50万人以下にする」という目標が未達成に終わったため，第11次交通安全基本計画（2021～2025年度）は，第10次計画と同様の目標を2025年までに達成することを目指している。

No. 6　道路交通法の改正に関する次の記述のうち，妥当なのはどれか。

1　2020年の改正道路交通法は，高齢運転者対策を強化し，75歳以上のすべての高齢運転者に対し，運転免許証を更新する際，「運転技能検査」を義務づけた。

2　2020年の改正道路交通法は，トラックを運転するのに必要な大型・中型免許やバス・タクシー等を運転するのに必要な第二種免許の受験資格を厳格化し，年齢要件や運転歴要件を引き上げた。

3　2022年の改正道路交通法は，運転者がいない状態での無人自動運転を「特定自動運行」と規定し，これを行う者は都道府県公安委員会に届け出をしなければならないと定めた。

4　2022年の改正道路交通法は，最高速度や大きさが一定基準以下の電動キックボード等を「特定小型原動機付自転車」と規定し，その運転には運転免許を要しないことなどを定めた。

5　2022年の改正道路交通法は，最高速度や大きさが一定基準以下の自動配送ロボット等を「遠隔操作型小型車」とし，使用者は都道府県公安委員会に使用計画を提出し，許可を得なければならないと定めた。

 正答と解説

No. 5 正答 4

1 　2021年の交通事故死者数は，前年に比べて203人減少して2636人となり，3000人を下回る水準となっている。負傷者数は17年連続で減少し，36.2万人となった。

2 　65歳以上の高齢者の人口10万人当たりの交通事故死者数は，2011年から2021年にかけて減少傾向にあった。また，2021年の交通事故死者数に占める65歳以上の高齢者の割合は57.7％となっている。

3 　最も多いのは「歩行中」(35.7％)で，次いで多いのは「自動車乗車中」(32.6％)となっている。これらに次ぐのが「自転車乗用中」(13.7％)である。

4 　**正解！** 　改正法は，他の車両の通行を妨害する目的で，その車両に交通の危険を生じさせるおそれのある方法で一定の違反をした場合の罰則を「3年以下の懲役または50万円以下の罰金」と規定。さらに，著しい危険を生じさせた場合の罰則を「5年以下の懲役または100万円以下の罰金」と定めた。

5 　第10次計画では，死者数の目標は達成できなかったが，死傷者数の目標については達成できた。第11次計画の目標は，「2025年までに死者数を2000人以下，重傷者数を2万2000人以下にする」ことである。

No. 6 正答 4

1 　改正法が運転免許証更新時の「運転技能検査」を義務づけたのは，75歳以上で一定の違反歴のある運転者である。なお，運転技能検査の対象とならない75歳以上の高齢運転者には実車指導を実施し，技能を評価する。

2 　運転手不足の現状を踏まえ，大型・中型免許や第二種免許の受験資格を緩和し，特別な教習を修了した者については年齢要件や運転歴要件を引き下げた（19歳以上で普通免許を1年以上保有）。

3 　改正法は，特定自動運行を行う場合，都道府県公安委員会に運行計画を提出し，許可を得なければならないと定めた。また，遠隔監視装置の設置や監視者の配置などを義務づけた。

4 　**正解！** 　特定小型原動機付自転車の運転は原則として車道通行だが，最高速度が一定以下の場合は例外的に歩道を通行できる。交通反則通告制度や放置違反金制度の対象で，危険な違反行為を繰り返す者には講習の受講を命ずるとしている。

5 　改正法は，遠隔操作型小型車の使用者は都道府県公安委員会に届け出をしなければならないと定めた（許可は不要）。

●過去問研究

女性の活躍は出題でも

　女性の活躍は日本の大きな課題。これまでも女性の社会参加は各種試験でしばしば取り上げられてきた。選択肢レベルでの出題も多く，国家総合職の基礎能力試験では平成30年度に女性活躍推進法が，令和元年度には「候補者男女均等法」が取り上げられた。女性活躍推進法は4年度の警視庁警察官［Ⅰ類］でも選択肢に登場。候補者男女均等法については，4年度の東京都［Ⅰ類A］が5つの選択肢すべてを使って改正法の詳しい内容を出題した。

　選択肢の出題パターンには，**政策・関連法の内容**（男女共同参画基本計画など），**関連用語**（クオータ制など），そして**統計**（議員に占める女性の割合など）の3つが見られる。政策が中心だが，数字にも気を配っておきたい。

消費者重視は当然

　消費者行政も公務員試験の頻出テーマ。これまで各種試験に出題例がある。

　2018年の改正消費者契約法は令和元年度の国家一般職［大卒］の時事の選択肢に登場。2019年に成立した食品ロス削減推進法については，2年度の東京都［Ⅰ類A］がさっそく出題した。2021年に成立した特定商取引法は，4年度の国家一般職［大卒］が出題。**消費者関連の法改正**が公務員試験の重要テーマであることは明らかだ。

備えあればうれいなし

　自然災害，防災，国土強靭化に関する出題は，いろいろなパターンで可能だ。平成29年度の国家一般職［大卒］の「時事」のように「自然災害等」だけで5択を組む場合もあるが，経済対策や環境の時事とからめて出題されることもある。さらに国家総合職では，令和3年度に教養地理で，平成29年度には専門行政学で災害・防災が出た。いずれにしても「備えあればうれいなし！」で臨もう。

人口動向は面接用！

　2020年は国勢調査の年。人口が政策を考えるうえでの基本統計であることや，国勢調査の重要性を考えると，公務員試験がこの調査に言及するのは当然だろう。

　国勢調査の結果で最も重要なのは人口減少の動向。日本全体はもちろん，都道府県や市町村の人口増減にも目を向けておきたい。面接や論述試験できっと役立つはずだ。

女性が輝く社会づくり

ここに注目 「女性の活躍」は公務員試験に出やすいテーマの1つ。関連用語も含めて徹底研究しておこう！

● 基本法・基本政策

□**男女共同参画基本計画**····2020年に閣議決定された第5次基本計画（2021〜2025年度）は，2020年代の早期に指導的地位の女性割合を30％程度に引き上げると明記。また，**女性の安全・安心な暮らしの実現**を掲げ，暴力の根絶，貧困対策，健康支援などに取り組むとした。

□**女性活躍推進法**····**女性の職業生活における活躍を推進するための法律**。国，地方自治体，そして従業員301人以上の大企業は，女性の活躍に関する課題を調査し，その解決に向け，数値目標を含む行動計画を策定しなければならないと定めた。2019年の改正法は，101人以上の中小企業にもこれを義務化した。

□**候補者男女均等法（政治分野における男女共同参画推進法）**····2018年成立。政党等に対し，**立候補者の男女均等に自主的に取り組む**よう求める。2021年の改正法は，女性の立候補が妨げられないように，政党や国・地方自治体に**セクハラやマタハラの防止策**を求めた。また，政党に対しては男女の候補者数の目標設定を要求。候補選定方法の改善や候補者の人材育成などに取り組むよう求めた。

□**性犯罪・性暴力対策の強化の方針**····2020年策定。**女性に対する暴力の根絶**に向け，相談体制や被害者支援を充実させる。

● 関連用語

□**間接差別**····表面上は性と無関係に見えながら，実際には男女の一方の不利益につながっている雇用規定や雇用慣行。たとえば，募集・採用にあたって身長・体力を要件とすることや，全国転勤を要件とすることなど。

□**クオータ制**····ポジティブ・アクション（積極的改善措置）の1手法。「委員の3割以上は女性とする」といったように，**性別に基づき一定の人数や比率を割り当てる**。

女性国会議員

日本は欧米諸国などと比べ女性国会議員が少ない。その割合は衆議院では9.7％，参議院では25.8％だ（各選挙後）。

ちなみに地方議会でも女性議員の割合は低く，都道府県議会では11.8％，市議会全体では16.2％，町村議会では11.7％にすぎない（2021年末時点）。

消費者行政の充実

ここに注目 近年，注目度がアップしている行政分野。消費者本位の行政は今や公務員の基本姿勢！

● 消費者行政の基本政策

□ **消費者基本計画**‥‥**消費者政策の基本的方向**を定めた計画。第4期基本計画（2020～2024年度）の柱は，**消費者被害の防止**，エシカル消費などを通じた**消費者による経済・社会構造の変革**，電子商取引や国際化がもたらす**消費生活の課題への対応**，消費者教育・啓発活動の推進など。

□ **エシカル消費**‥‥社会・環境に配慮した**倫理的な消費行動**。消費者が商品・サービスを選ぶときの尺度の1つとなることが期待されている。

□ **食品ロス削減推進法**‥‥2019年成立。国，自治体，企業，消費者に対し，食べられるにもかかわらず捨てられる「食品ロス」の削減を促す。

　同法に基づき，政府は2020年に**食品ロス削減推進基本方針**を策定。外食については「食べきり」や「持ち帰り」の励行を図るとした。

● 消費者保護

□ **消費者契約法**‥‥2018年の改正法は成年年齢の引き下げに対応。「取り消しうる不当な勧誘行為」に**社会生活上の経験不足を不当に利用した「不安をあおる告知」**等を加えた。2022年の改正法は，退去困難な場所へ同行し勧誘する行為や相談の連絡を妨害する行為などを取消権の対象に含めた。

□ **特定商取引法**‥‥**訪問販売や通信販売などの「特定商取引」を規制**。2021年の改正法（改正特定商取引法・預託法）では「送り付け商法」への対策が強化され，消費者は一方的に送り付けられた商品を直ちに処分できることになった。また，通販の「詐欺的な定期購入商法」については，誤認表示等を直罰化し，契約解除の妨害行為を禁止した。

□ **取引デジタルプラットフォーム利用消費者利益保護法**‥‥2021年成立。**オンラインモールなどの「取引デジタルプラットフォーム（取引DPF）」に関する消費者保護の規定**を整備した。消費者が損害賠償などを求める際には，取引DPF提供者に対し，販売業者についての情報開示を請求できるとした。

□ **高額寄附被害救済・防止法**‥‥正式名称は「法人等による寄附の不当な勧誘の防止等に関する法律」。いわゆる旧統一教会問題を契機に制定された。6種類の不当な勧誘行為を禁止し，罰則を定めた。

災害に強い国づくり

ここに注目 自然災害に見舞われやすい日本にとって，防災・減災は重要な政策テーマ。論述や面接も念頭にしっかり学習しておこう！

● 災害対策関連用語

□**南海トラフ地震**‥‥フィリピン海プレートとユーラシアプレートが接する海底の溝状地形＝「**南海トラフ**」付近を震源とする**大規模地震**。従来は，東海地震，東南海地震，南海地震と分けて語られてきたが，現在は南海トラフ全域での大規模地震の発生に備える状況にあるとされている。2019年に修正された「南海トラフ地震防災対策推進基本計画」には，震源域の東西どちらかだけで地震が起きたとき（半割れ）の後発地震への備えも盛り込まれた。

□**警戒レベル**‥‥政府は2021年，**豪雨による水害・土砂災害**に備え，防災気象情報・避難情報の出し方を刷新。警戒レベル１〜５のそれぞれで住民がとるべき避難行動を明確化した。

□**プッシュ型物資支援**‥‥災害発生当初の段階で，国が被災地からの要望を待たずに，**必要不可欠と見込まれる物資を調達し，被災地に緊急輸送する手法**。2016年の熊本地震から導入された。

● 国土 強 靱化政策
（きょうじん）

□**国土強靱化**‥‥ナショナル・レジリエンス。国土・経済・暮らしが，災害や事故に遭っても，**致命的な被害を負わない「強さ」**と，**速やかに回復する「しなやかさ」**を持つこと。

□**国土強靱化基本計画**‥‥国土強靱化基本法に基づき国が策定。**災害時でも機能不全に陥らない経済社会システム**を平時からつくることを提唱。2018年の改定基本計画は，近年の災害から得られた教訓などを念頭に，気候変動を踏まえた施策の重点化を掲げた。また，推進方針には新たに防災教育や人材育成が盛り込まれた。

□**防災・減災，国土強靱化のための５か年加速化対策**‥‥2020年策定。2021年度からの５年間に実施する123の具体策を掲げた。中心は**激甚化する風水害や切迫する大規模地震等への対策**。

□**盛土規制法**‥‥2022年，宅地造成等規制法は**宅地造成及び特定盛土等規制法**に改称。危険な盛土を全国一律の基準で規制する。

 社会問題の基礎問題

No. 1　防災に関する次の記述のうち，妥当なのはどれか。

1　政府は，防災基本計画において「防災は行政の責任である」と述べ，公助による防災を最優先・最重要とする姿勢を示している。

2　豪雨による水害・土砂災害に関する「警戒レベル」は，「避難準備」「高齢者等避難」「全員避難」の３段階で通知される。

3　改正災害対策基本法が推奨する「地区防災計画」の策定は，すでに2000を超える地区で作成済みとなっている。

4　国土強靱化（ナショナル・レジリエンス）には，被害を負わない「強さ」を高め，国土の「しなやかさ」をなくすことが必要である。

5　政府は2021年度から，南海トラフ地震対策の対象地域だけに向けた「防災・減災，国土強靱化のための５か年加速化対策」を実施している。

No. 2　食品に関する次の記述のうち，妥当なのはどれか。

1　食品ロスには，「売れ残り」や「食べ残し」のほか，調理過程で廃棄される「食用にできない部位」も含まれる。

2　2020年に策定された「食品ロス削減推進基本方針」は，食品衛生の観点から外食の持ち帰りを認めず，できるだけ食べきることを奨励した。

3　2020年の「食品ロス削減推進基本方針」は，生産者と事業者に対し，規格外品の有効活用などを求めている。

4　消費者庁は賞味期限前の消費の徹底を促しており，賞味期限切れ商品については，食品衛生の観点から速やかな廃棄を求めている。

5　食品についてはリコール（自主回収）届出制度があり，農林水産省が専用サイトにリコール情報を掲載している。

No. 3　消費者問題と消費者政策に関する次の記述のうち，妥当なのはどれか。

1　2020年に閣議決定された消費者基本計画は，感染症や災害といった緊急時の消費者対策を強化するとした。

2　2018年の民法改正で成年年齢は18歳に引き下げられたが，契約に関する未成年者の取消権は従来どおり「20歳まで」とされている。

3　2022年の改正特定商取引法は，勧誘すると告げずに退去困難な場所へ同行させて勧誘する行為を「取り消しうる不当な勧誘行為」に加えた。

4　2021年の改正消費者契約法は，一方的に送り付けた商品の購入を迫る「送り付け商法」対策として，消費者に当該商品の処分を認めた。

5　オンラインモールでの消費者保護については，法律上の規制はない。

正答と解説

No.1　▷正答　3

1　政府は「公助」を最優先するとの考え方には立っていない。「公助」「自助」「共助」の適切な組合せが重要であるとしている。

2　警戒レベルは5段階である。より明確に避難を呼びかけるため，2021年に表現が修正された。

3　**正解！**　2022年の『防災白書』によると，さらに5000以上の地区が作成活動中とされている。

4　国土強靱化のいう「しなやかさ」は速やかに回復できることを意味する。当然，あるほうがよい。

5　「5か年加速化対策」は，南海トラフ地震への対策のためだけに策定されたものではない。

No. 2　▷正答　3

1　食用にできずに廃棄される部位は「食品廃棄物」である。一方，食べられるにもかかわらず捨てられる食品を「食品ロス」と呼ぶ。食品廃棄物は食品ロスを含むが，食品ロスには食品廃棄物は含まれない。

2　基本方針は外食について，「食べきり」に努めることと，できる範囲で余った料理の「持ち帰り」をすることを消費者に要請した。

3　**正解！**　「売り切り」のための工夫も求めている。

4　賞味期限は「おいしく食べられる期限」であり，賞味期限切れ商品がすぐに廃棄されないよう，啓発活動を行っている。

5　食品リコール届出制度を運用しているのは，農林水産省ではなく消費者庁である。

No. 3　▷正答　1

1　**正解！**　緊急時の不安心理につけ込む悪質商法対策などを盛り込んだ。

2　未成年者の取消権も「18歳まで」となった。

3　契約において弱い立場になりやすい消費者を守るのは，特定商取引法ではなく，消費者契約法である。

4　「送り付け商法」の対策強化を定めたのは2021年の「改正特定商取引法」である。一方的に送り付けられた商品を消費者が処分できると定めた点は正しい。

5　オンラインモールなどでの消費者保護に向け，2021年に「取引デジタルプラットフォーム利用消費者利益保護法」が制定された。

社会問題の予想問題

No. 4　男女共同参画に関する次の記述のうち，妥当なのはどれか。

1　2021年度からの第5次男女共同参画基本計画は，指導的地位の女性割合について，「2025年度末までに35％以上に引き上げる」との数値目標を掲げた。

2　女性議員の割合は，国会議員では低水準にあるが，都道府県議会議員については都市圏を中心に上昇しており，2021年末には25％を上回った。

3　2021年の改正「候補者男女均等法（政治分野における男女共同参画推進法)」は，女性の立候補が妨げられないよう，政党や国・地方自治体に対し，セクハラ・マタハラ防止策を求めている。

4　2019年の改正女性活躍推進法は，国・地方自治体に加え，新たに労働者301人以上の企業に対しても，女性の職業生活における活躍を推進するための行動計画の策定を求めている。

5　女性活躍推進法は，女性活躍について優良な企業に対する認定制度を創設した。認定を受けた企業は，商品や広告・求人票などに「くるみん」マークをつけられる。

No. 5　国勢調査に関する次の記述のうち，妥当なのはどれか。

1　2020年の国勢調査は，コロナ禍で実施されたため，インターネットによる回答方式が採用された。また例外的に標本調査となり，外国人は対象から外された。

2　2020年の国勢調査によると，2020年10月1日時点における日本の人口は1億2614万6000人である。日本の人口は2015年調査より大きく減少し，減少幅は5％を超えた。

3　2020年の国勢調査で明らかになったのはコロナ禍による地方への人口移動であり，都道府県別人口の前回調査との比較では，東京都が初めて人口減少を記録した。

4　2020年の国勢調査によると，市町村全体の8割を上回る1419市町村が人口減少となっており，しかもその約半数はこの5年間に5％以上も人口が減少した。

5　人口減少に伴い，日本の世帯数と1世帯当たりの平均人員はともに減少傾向にある。2020年の国勢調査では，前回調査より世帯数が約238万世帯（4.5％）減少し，平均世帯員数は2.33人から2.21人へと少なくなった。

正答と解説

No. 4 ▷正答 3

1 第4次基本計画の数値目標（2020年30％）が未達成に終わったため，第5次基本計画は年限と数値目標の表現を和らげ，「2020年代の可能な限り早期に30％程度となるよう目指して取り組みを進める」とした。

2 都道府県議会議員についても女性の参画は進んでおらず，2021年末時点の女性比率は11.8％にすぎない。

3 **正解！** そのほか改正法は，政党に対し，男女の候補者数の目標設定，候補選定方法の改善，候補者の人材育成などを求めている。

4 301人以上の企業は，国・地方自治体とともに，改正前から行動計画の策定等の対象に含められていた。改正法により加えられたのは労働者101人以上の中小企業である。

5 「くるみん」マークではなく，「えるぼし」マークである。ちなみに，「くるみん」マークは，次世代育成支援対策推進法に基づく「子育てサポート企業」の認定制度である。

No. 5 ▷正答 4

1 国勢調査は標本調査ではなく全数調査であり，2020年調査も全数調査として実施された。また，日本に3か月以上滞在する見込みがある外国人は調査対象とされる。

2 日本の人口が調査時点で1億2614万6000人であったという点は正しく，2015年調査より減少したのも事実だが，この5年間の減少幅は0.7％（94万9000人）で，5％には達していない。

3 2020年調査で人口が増加したのは東京都を含む9都府県だった。しかも，東京都の人口増加率は2.7％から3.9％へと1.2ポイントも拡大した。なお，コロナ禍の人口移動への影響が出るとすれば次回調査だろう。

4 **正解！** なお，5％以上の人口減少を記録した市町村のうち245の市町村では，2015年から2020年の5年で人口が10％以上も減少していた。ちなみに，都道府県で5％以上の人口減少を記録したのは，秋田県，岩手県，青森県，高知県，山形県だった。

5 一人暮らし世帯が増えていることから，近年，日本の世帯数は増加傾向にある。2020年の国勢調査によると，日本の世帯数は前回調査より約238万世帯（4.5％）増加した。なお，世帯員数についての記述は正しい。

索　引

執筆責任者

高瀬淳一

名古屋外国語大学世界共生学部・同大学院教授，グローバル共生社会研究所所長。

主著：『サミットがわかれば世界が読める』（名古屋外国語大学出版会），『政治家を疑え』（講談社），『できる大人はこう考える』（ちくま新書），『「不利益分配」社会－個人と政治の新しい関係』（ちくま新書），『武器としての〈言葉政治〉－不利益分配時代の政治手法』（講談社選書メチエ），『情報政治学講義』（新評論），『情報と政治』（新評論），『サミット』（芦書房），『行政5科目まるごとパスワードneo2』，『行政5科目まるごとインストールneo2』，『集中講義！国際関係の過去問』，『20日間で学ぶ国際関係の基礎』，『はじめて学ぶ国際関係』，『論文・面接で問われる行政課題・政策論のポイント』（以上，実務教育出版）

本文組版：㈱森の印刷屋　　カバーデザイン：斉藤よしのぶ　　イラスト：高木みなこ

●本書の内容に関するお問合せについて

本書の内容に誤りと思われるところがありましたら，お手数ですがまずは小社のブックスサイト（jitsumu.hondana.jp）中の本書ページ内にある正誤表・訂正表をご確認ください。正誤表・訂正表がない場合や，正誤表・訂正表に該当箇所が掲載されていない場合は，書名，発行年月日，お客様のお名前・連絡先，該当箇所のページ番号と具体的な誤りの内容・理由等をご記入のうえ，郵便，FAX，メールにてお問合せください。

〒163-8671　東京都新宿区新宿1-1-12　　実務教育出版　第二編集部問合せ窓口
FAX：03-5369-2237　　E-mail：jitsumu_2hen@jitsumu.co.jp
【ご注意】※電話でのお問合せは，一切受け付けておりません。
※内容の正誤以外のお問合せ（詳しい解説・受験指導のご要望等）には対応できません。

令和5年度試験完全対応　**公務員試験　速攻の時事　実戦トレーニング編**

2023年2月20日　初版第1刷発行　　　　　　　　　　　　　　　　〈検印省略〉

編　者——資格試験研究会
発行者——小山隆之
発行所——株式会社実務教育出版
　　　　　〒163-8671　東京都新宿区新宿1-1-12
　　　　　☎編集03-3355-1812　販売03-3355-1951
　　　　　振替　00160-0-78270
印刷・製本——図書印刷